Georg M. Oswald
Unsere Grundrechte

Georg M. Oswald

Unsere Grundrechte

Welche wir haben,
was sie bedeuten und
wie wir sie schützen

PIPER

Mehr über unsere Autoren und Bücher:
www.piper.de

Von Georg M. Oswald liegen im Piper Verlag vor:
Alle, die du liebst
Unter Feinden
Wie war dein Tag, Schatz?

MIX
Papier aus verantwor-
tungsvollen Quellen
FSC® C014496

ISBN 978-3-492-05882-7
© Piper Verlag GmbH, München 2018
Satz: Kösel Media, GmbH, Krugzell
Gesetzt aus der Sabon
Litho: Lorenz & Zeller, Inning am Ammersee
Druck und Bindung: GGP Media GmbH, Pößneck
Printed in Germany

Für Simon

Inhalt

Einleitung

Als ich begann, mich mit dem Thema der Grundrechte zu beschäftigen, erwies sich bald schon mein zwanzigjähriger Sohn als wichtiger Gesprächspartner. Das lag aus zwei Gründen nicht unbedingt nahe. Erstens leben wir in unterschiedlichen Städten, zweitens beschäftigt er sich in seinem Studium mit ganz anderen Dingen als den Grundrechten. Sein Interesse an diesem Gegenstand war aber von Anfang an ermutigend groß, sodass ich jede Gelegenheit nützte, mit ihm darüber zu sprechen. So kam ich auf die Idee, ihm die einzelnen Kapitel dieses Buches als Briefe zu schicken. Seine Reaktionen waren wertvolle Hilfestellungen für mich und haben an vielen Stellen ihren Niederschlag gefunden. Jean Paul schrieb: »Bücher sind nur dickere Briefe an Freunde; Briefe sind nur dünnere Bücher für die Welt.« So ist es auch hier.

Bei anderen Gesprächen, die ich für dieses Buch im Vorfeld geführt habe, ist mir vor allem die Befangenheit aufgefallen, die das Thema bei vielen auslöst – das unangenehme Gefühl, man sollte mehr darüber wissen, als man tatsächlich weiß. Klar, man hatte das ja in der Schule durchgenommen. Aber wie war das noch gleich? Und dann versucht man die Grundrechte aufzuzählen, kommt jedoch nicht sehr weit, was einem peinlich ist, und versucht das Thema zu wechseln.

Der Berufsstand der Juristen nimmt solche Reaktionen eher befriedigt zur Kenntnis. Das Grundgesetz, sagen sie, sei nur vordergründig leicht zu verstehen. Um es wirklich zu begreifen, brauche man sie, die Juristen. Im Detail mag das stimmen, im Großen und Ganzen ist es jedoch grundverkehrt. Wenn jeder von uns einen Juristen neben sich bräuchte, um unsere Verfassung zu verstehen, könnten wir sie getrost vergessen.

Die Grundrechte sind einfach, jeder kennt sie.

Sie heißen, kurz gefasst: Freiheit, Gleichheit, Brüderlichkeit.

Jeder versteht diese Begriffe, jeder weiß, was sie bedeuten. Das Grundgesetz nimmt direkt auf sie Bezug und formuliert sie aus, und, das ist das Wichtigste, es macht sie zum unmittelbar geltenden Gesetz. Alles Weitere sind Ableitungen und Präzisierungen. Es ist gut, sie zu kennen, aber ihre Kenntnis ist nicht notwendig, um die Grundidee zu verstehen.

Nehmen wir das Grundrecht auf Menschenwürde, so wie es das Grundgesetz formuliert: »Die Würde des Menschen ist unantastbar«. In den juristischen Kommentaren heißt es, der Begriff der Menschenwürde könne nicht absolut bestimmt werden. Das mag so sein, doch es lässt sich in sehr einfachen Worten sagen, was dieses Grundrecht bedeuten soll: Jeder hat einen Anspruch darauf, anständig behandelt zu werden, vom Staat und von den anderen.

Dieser Anspruch kann niemandem genommen werden. Natürlich schließen sich an diese so schlichten wie grundlegenden Feststellungen viele Fragen an, die am Ende die Fachleute nicht überflüssig machen.

An dieser Stelle ist mir nur wichtig, Folgendes festzuhalten: Wenn wir wollen, dass die Grundrechte in unserem Leben Bedeutung haben, müssen wir sie vom Kopf auf die Füße stellen. Es geht nicht darum, Listen auswendig zu lernen und Rechte aufzuzählen, deren Inhalt uns nicht klar ist. Wir sollten wissen, was unsere Rechte sind. Und, wie gesagt, eigentlich wissen wir das bereits.

Es gibt zahlreiche Abhandlungen über das Grundgesetz und die Grundrechte, vom vieltausendseitigen juristischen Großkommentar bis zum handlichen, allgemein verständlich geschriebenen Kompendium. Es mangelt folglich nicht an Lektüre für Interessierte, mir geht es in diesem Buch jedoch darum, zu zeigen, wie sehr die Grundrechte in unseren aktuellen politischen und gesellschaftlichen Diskursen wirken, wo sie infrage gestellt, eingeschränkt, übergangen werden und wo wir aufgefordert sind, für sie zu kämpfen. Die Grundrechte sind keine Glaubensgebote. Sie sind das Regelwerk für eine andauernde gesamtgesellschaftliche Diskussion. Nur wenn wir diese Diskussion engagiert führen, entfalten sie ihre Wirkung.

Die Grundrechte sind geltendes Recht, aber prägen sie unser Leben so, wie sie es, ihrem Wortlaut nach, beanspruchen? Was sagen uns die Grundrechte in unserer aktuellen historischen und politischen Situation? Wie soll die Gesellschaft aussehen, in der wir leben wollen?

Wenn man beim Schreiben über diese Fragen an einen dreißig Jahre Jüngeren denkt, begreift man, dass dies wirklich offene Fragen sind und keine rhetorischen. Die gute Nachricht ist: Es liegt in unseren Händen, die richtigen Antworten zu finden, denn die Grundrechte gehören uns.

»Und das nennt sich Demokratie?« – Verfassungsgrundsätze

Was aber sind denn nun eigentlich die Grundrechte? Kurz gesagt: Die Grundrechte sind das, was in den ersten neunzehn Artikeln unseres Grundgesetzes steht. Sie umfassen das Recht auf Menschenwürde, das Recht auf freie Entfaltung der Persönlichkeit, das Recht auf Gleichbehandlung und viele andere mehr. Der Rest des Grundgesetzes, die Artikel 20 bis 146, enthalten den Bauplan des Staatsgebäudes und regeln, wie Bund und Länder, Bundestag, Bundesrat, Bundespräsident, Bundesregierung, Bundesgesetzgebung, Bundesverwaltung, Rechtsprechung, Finanzwesen und der Verteidigungsfall organisiert sind.

Die Grundrechte sind, um im Bild zu bleiben, die Hausordnung. Diese Bezeichnung wird vielleicht dem hohen Ton, in dem sie verfasst wurden, nicht ganz gerecht, trifft es sonst aber ganz gut.

Das Grundgesetz ist unsere Verfassung. In der Hierarchie der Gesetze ist es das höchste. Alle Gesetze, die in Deutschland erlassen werden, müssen ihm entsprechen. Das Grundgesetz umfasst in der Textausgabe, die jeder Schüler in Deutschland geschenkt bekommt, wenig mehr als hundert locker gesetzte Seiten. Kein allzu langer Text, aber er erschließt sich nicht, indem man ihn von vorn bis hinten durchliest. Nur, wer seinen Aufbau kennt, findet Zugang.

In der Schule wurden uns die Grundrechte vor allem in ihrem historischen Kontext nahegebracht. Sie erschienen uns als hehres Besserungsgelöbnis einer besiegten Nation, die wenige Jahre zuvor noch ihre Bestimmung in Völkermord und Holocaust gesehen hatte. Nun bekannte sie sich – unter der Anleitung der westlichen Siegermächte, allen voran der Vereinigten Staaten von Amerika – zu Freiheit und Würde des Menschen. Das war wohl das Mindeste, was man nach dieser Geschichte verlangen konnte.

Das war vor einem Dreivierteljahrhundert, und spätestens nachdem die Volkskammer der DDR den Beitritt zur Bundesrepublik Deutschland beschlossen hatte, durfte man annehmen, dass das gesamte deutsche Volk das Grundgesetz wirklich als seine Verfassung betrachtete. Aber haben die Grundrechte heute, in einer völlig veränderten Welt, noch eine aktuelle Bedeutung?

Wir leben in einer Zeit großer politischer Umwälzungen, und die Grundrechte könnten unser Kompass sein, der uns die Richtung weist. Er liegt vor uns auf dem Tisch, in bestem Zustand und funktionsfähig. Wir müssen uns »nur« noch dazu entschließen, ihn in Gebrauch zu nehmen.

Vorweg will ich jedoch auf einige Verfassungsgrundsätze eingehen, die unmittelbar nach den Grundrechten in Artikel 20 festgeschrieben wurden. Sie geben den Rahmen vor, in dem sie gelten.

So wie Artikel 1 des Grundgesetzes mit dem Schutz der Menschenwürde das wichtigste und umfassendste Grundrecht formuliert, enthält Artikel 20 die fundamentale Feststellung: »Die Bundesrepublik Deutschland ist ein demokratischer und sozialer Bundesstaat.«

Die Autoren des Grundgesetzes wollten es so schwer wie möglich machen, diese Grundlagen zu beseitigen oder abzuändern. Zwar gibt es grundsätzlich die Möglichkeit von Verfassungsänderungen. Wenn jeweils zwei Drittel der Bundestags- und der Bundesratsabgeordneten dafürstimmen, kann das Grundgesetz geändert werden. Artikel 79 Absatz 3 des Grundgesetzes aber bestimmt: »Eine Änderung dieses Grundgesetzes, durch welche die Gliederung des Bundes in Länder, die grundsätzliche Mitwirkung der Länder bei der Gesetzgebung oder die in den Artikeln 1 und 20 niedergelegten Grundsätze berührt werden, ist unzulässig.«

Umgangssprachlich wird diese Regelung »Ewigkeitsklausel« oder »Ewigkeitsgarantie« genannt. Die Bezeichnung ist irreführend, denn Artikel 79 Absatz 3 will diese Grundsätze gar nicht für die Ewigkeit festschreiben, sondern nur solange das Grundgesetz gilt. In Artikel 20 steht, dass alle Staatsgewalt vom Volk ausgeht. Wenn das stimmt, müsste das Volk doch auch die Möglichkeit haben, dieses Grundgesetz abzuschaffen und sich für eine andere Verfassung zu entscheiden, die ganz andere Grundsätze festlegt.

Und genau so ist es auch. Der letzte Artikel des Grundgesetzes, Artikel 146, formuliert diese Möglichkeit ausdrücklich: »Dieses Grundgesetz, das nach Vollendung der Einheit und Freiheit Deutschlands für das gesamte deutsche Volk gilt, verliert seine Gültigkeit an dem Tage, an dem eine Verfassung in Kraft tritt, die von dem deutschen Volke in freier Entscheidung beschlossen worden ist.«

Ist es nicht vertrauenerweckend, dass ein Gesetz sogar noch die Voraussetzungen seiner eigenen Abschaffung regelt? Solange das Grundgesetz aber gilt, bleibt es bei den Verfassungsgrundsätzen von Artikel 20. Das bedeutet im Einzelnen: Wir leben in einer parlamentarischen Demokratie, die Staatsgewalt geht, durch Wah-

len, vom Volk aus, Deutschland ist ein Bundes-, Sozial-
und Rechtsstaat.

Das Grundgesetz hat der repräsentativen Demokratie den Vorzug vor anderen demokratischen Organisa-
tionsmöglichkeiten gegeben. Lange Zeit war das stärkste
Argument dafür ein praktisches: Schon allein aufgrund
seiner Größe sei ein Land wie Deutschland gezwungen,
demokratische Entscheidungen durch gewählte Vertreter zu treffen. Oder wie sonst wäre der Wille der über
sechzig Millionen Wahlberechtigten zu ermitteln?

Je einfacher und schneller aber die modernen Kommunikationsmittel funktionieren, desto weniger ver-
fängt dieses Argument. Technisch wäre es nicht mehr
unmöglich, Millionen zur elektronischen Stimmabgabe
zu bitten, wann immer es nötig ist.

Doch wäre es wirklich wünschenswert, dass wir
abends nach der Arbeit und bevor wir die Kinder ins
Bett bringen, tagtäglich über Dutzende Fragen abstimmen müssen, zum Beispiel über einige Detailfragen im
Zollgesetz, eine Novelle des Personenstandregisterge-
setzes, die Haushaltswirkung der Infrastrukturabgabe,
die Ergänzung des Grundgesetzartikels 91c, die Ein-
speisung fossiler Energie, die Regulierung der privaten
Wildtierhaltung, die nationale Wirkstoffoffensive oder
den Ausbau der taxonomischen Forschung, was immer
das ist. Wären wir, zwischen Schwarmintelligenz und
Cybermob, wirklich urteilssicher?

Ich will nicht behaupten, dass wir, das Wahlvolk, das
nicht sein könnten. Aber wir müssten uns zuvor umfang-
reich über all diese Themen informieren, wozu wir
schlicht nicht die Zeit hätten. Ich will auch nicht behaupten, dass jeder Abgeordnete all die Dinge, über die
er abstimmt, bis ins Letzte durchdrungen hat. Allerdings ist die Chance groß, dass er sich damit eingehen-

der beschäftigt hat als jemand, der das nicht hauptberuflich macht.

Abstimmungen durch gewählte Abgeordnete machen zudem emotionsgetriebene Augenblicksentscheidungen unwahrscheinlicher, die es bei Direktabstimmungen durchaus geben könnte. Der Versuch der unmittelbaren demagogischen Beeinflussung der Stimmberechtigten ist in einer mittelbaren Demokratie weniger erfolgversprechend als in einer direkten.

Der große Nachteil der repräsentativen Demokratie besteht in der Herausbildung einer »politischen Klasse«. Im schlechtesten Fall ist sie geprägt durch Opportunismus, Fraktionszwang, Karrierismus und Lobbyismus. Deshalb verwenden manche den Begriff »Berufspolitiker« als Schimpfwort. Dahinter steckt die Vorstellung, dass sich echte Hingabe an eine Sache oder Idee mit den Sachzwängen des Broterwerbs kaum vereinbaren lässt. Mit der Realität einer höchst ausdifferenzierten, arbeitsteiligen Gesellschaft verträgt sich eine derartige Fundamentalkritik allerdings schlecht. Befürworter findet sie dennoch immer wieder.

Die AfD zum Beispiel stellt ihrem Grundsatzprogramm ein Bekenntnis zur Demokratie voran, um dann so fortzufahren: »Wir wollen dem Volk das Recht geben, über vom Parlament beschlossene Gesetze abzustimmen. Dieses Recht würde in kürzester Zeit präventiv mäßigend auf das Parlament wirken und die Flut der oftmals unsinnigen Gesetzesvorlagen nachhaltig eindämmen. Zudem würden die Regelungsinhalte sorgfältiger bedacht, um in Volksabstimmungen bestehen zu können. Auch Beschlüsse des Parlaments in eigener Sache, beispielsweise über Diäten oder andere Mittelzuweisungen, würden wegen der Überprüfungsmöglichkeit der Bürger maßvolle Inhalte haben.«

Eines ist klar: Mit dem Grundgesetz ist das, was hier unter Demokratie verstanden wird, nicht vereinbar. Danach geht die Staatsgewalt zwar vom Volk aus, ausgeübt wird sie aber nicht von ihm. Dafür gibt es die Parlamente. Ihre Entscheidungen wiederum unter den Vorbehalt von Volksentscheiden zu stellen, widerspricht der Idee des Parlamentarismus fundamental. Wer die Dinge so regeln will, muss über die Hälfte der Wahlberechtigten von einer neuen, noch zu entwerfenden Verfassung überzeugen. Kein unmögliches Ziel, aber auch kein sehr realistisches.

Vielleicht lassen sich triftige Argumente gegen den Parlamentarismus ins Feld führen. Aber wäre es, statt ihn anzugreifen, nicht sinnvoller, auch die zahlreichen Mittel und Mitwirkungsmöglichkeiten, die über die Ausübung des Wahlrechts hinausgehen, zur politischen Einflussnahme zu nutzen?

Wir sollten sie als Werkzeuge betrachten. Je besser wir sie beherrschen, desto zufriedener werden wir mit den Ergebnissen sein, die sie hervorbringen.

Die Fundamentalkritik am Parlamentarismus jedenfalls verpufft im Nichts, lange bevor der Versuch realer politischer Einflussnahme überhaupt begonnen hat. Wer in eine Partei eintritt, sich wählen lässt, seinem Abgeordneten schreibt und demonstriert, wird mehr bewirken als jemand, der in Internetforen die Herrschaft der »politischen Klasse« verflucht.

Wo Kritik am Parlamentarismus geübt wird, ist die Klage über den Föderalismus nicht weit. Manchen erscheinen die Landesparlamente und die Vertretung der Länder im Bundesrat als unverhältnismäßiger Aufwand. Deutschland ist ein Bundesstaat, und auch diese Entscheidung des Grundgesetzes wäre nur durch eine neue Verfassung zu ändern. Die Idee dahinter ist, den

Bundesländern die Gesetzgebungskompetenz zu überlassen, solange der Bund nicht tätig wird. Dieses Prinzip heißt konkurrierende Gesetzgebung.

Manche Bereiche, solche von nationaler Bedeutung, wie zum Beispiel Geld-, Währungs-, Außen- und Verteidigungspolitik, unterliegen der ausschließlichen Gesetzgebung des Bundes. Doch auch an ihr sind die Länder, über ihre Vertreter im Bundesrat, beteiligt. Die politische Organisation des Staates in dieser Form ist kein Kompromiss oder eine unnötig komplizierte Regelung, sie ist vielmehr der gelungene Versuch, Länder- und Bundesinteressen in ein fein abgewogenes Verhältnis zu bringen.

2005 und 2009 gab es Föderalismusreformen, die vor allem die Anzahl der im Bundesrat zustimmungspflichtigen Gesetze reduzierten. Die föderale Grundstruktur blieb dabei jedoch unangetastet, denn sie ist im Rahmen des Grundgesetzes unabänderlich festgeschrieben.

Einem weiteren Prinzip unserer Verfassung zufolge ist Deutschland ein Sozialstaat. Für viele ist schon dieses Wort allein eine Provokation, mit der sie sich kaum abfinden können. Manche wollten in ihm zunächst nichts weiter als einen »substanzlosen Blankettbegriff« sehen, doch das Bundesverfassungsgericht hat klargestellt, dass es sich bei der sogenannten Sozialstaatsklausel um unmittelbar geltendes Recht handelt.

Doch wie weit soll die Verpflichtung des Staates, »sozial« zu sein, gehen? Und was soll das konkret bedeuten? Es lässt sich nicht leugnen, dass der Gesetzgeber an dieser Stelle mehr offen gelassen als geregelt hat. Den Mindestmaßstab hat jedoch das Bundesverfassungsgericht verbindlich vorgegeben: Der Staat muss jedem Menschen, der sich in Deutschland aufhält, ein menschenwürdiges Existenzminimum gewährleisten.

Es gibt nicht wenige Bürger, die diese Selbstverpflichtung als zu weitgehend, ja als empörend betrachten, insbesondere in Verbindung mit dem ebenfalls zu gewährenden Asylrecht. Das Bundesverfassungsgericht folgert sie aus den Menschenrechten, so wie sie von den Vereinten Nationen 1948 in der »Allgemeinen Erklärung der Menschenrechte« beschlossen wurden.

Das Grundgesetz nimmt in Artikel 1 Absatz 2 ausdrücklich Bezug auf sie. In Gestalt der Grundrechte sind sie in Deutschland unmittelbar geltendes Recht. Wir müssen uns mithin vor Augen führen, dass die Diskussion um die Frage, wie viele Menschen wir in Deutschland aufnehmen und was wir für sie tun können, die Grundlagen unseres Staates betrifft.

Wenn wir hinter die hochgesteckten Anforderungen unserer Verfassung zurückwollten, müssten wir unser bisheriges Verständnis von der Verbindlichkeit der Menschenrechte aufgeben. Ein geschickt gewähltes Dilemma, das uns zwingt, die Kosten des Sozialstaats zu tragen. Und auch an dieser Stelle gilt: Eine ernsthafte Diskussion um die Abschaffung dieses Prinzips könnte nur eine Diskussion über eine neue Verfassung sein, in der formuliert werden müsste, was an seine Stelle treten solle.

Ein weiteres staatliches Organisationsprinzip, das Artikel 20 nennt, ist das Rechtsstaatsprinzip. Auf den ersten Blick scheint es am wenigsten umstritten. Wer würde etwas anderes wollen, als in einem Rechtsstaat zu leben?

Nur, wodurch ist ein Rechtsstaat eigentlich gekennzeichnet? Vor allem anderen durch die Gewaltenteilung. Die gesetzgebende, die ausführende und die rechtsprechende Gewalt sind unabhängig organisiert und kontrollieren einander. Alle drei sind sie dabei den geltenden Gesetzen unterworfen, insbesondere der Bindung an die Grundrechte.

Die Justiz ist unabhängig, Richter müssen von niemandem Weisungen entgegennehmen, sie sind allein an Recht und Gesetz gebunden. Die Gerichte gewähren auch Schutz gegen Rechtsverletzungen, die von der öffentlichen Gewalt begangen werden, sei es von Regierungsmitgliedern, Richtern oder Polizisten. Und es gibt eine Verfassungsgerichtsbarkeit, die darüber wacht, dass die Grundrechte beachtet werden. Sie wären nichts weiter als Feiertagsrhetorik, gäbe es nicht Landesverfassungsgerichte und das Bundesverfassungsgericht, vor denen, wie das Gesetz sagt, »jedermann« klagen kann.

Die Grundrechte sind Freiheitsrechte, die jedem Einzelnen als Abwehrrechte gegen den Staat zustehen. Das ist ihre Hauptfunktion. Zugleich sieht die Verfassung in ihnen Wertentscheidungen, die deutlich machen, für welche Wertvorstellungen unsere verfassungsmäßige Ordnung steht. Die Verfassungsgerichtsrechtsprechung wirkt dementsprechend immer in zwei Richtungen. Zum einen entscheidet sie über einen konkreten Rechtsstreit, zum anderen haben die Urteile der Verfassungsgerichte aber auch fallübergreifende, generelle Wirkung, durch welche die Wahrung, Auslegung und Fortbildung des Verfassungsrechts gefördert wird. Juristen sprechen hier tatsächlich von einem »Edukationseffekt«, wobei die erzieherische Wirkung darin besteht, dass das Verfassungsrecht und insbesondere die Grundrechte durch ihre Ausdifferenzierung immer besser verstanden werden.

Bei der Prüfung gehen die Verfassungsrichter nach einem Schema vor, das den Aufbau und die Wirkungsweise der Grundrechte verdeutlicht. Nicht alle Grundrechte aller können unbeschränkt und unbegrenzt gelten.

Ein Raucher beruft sich auf die freie Entfaltung seiner Persönlichkeit, während der Nichtraucher neben ihm sein Recht auf Leben in Gefahr sieht. Beide berufen sich zweifelsfrei auf ihnen zustehende Grundrechte. Beiden schuldet der Staat den Schutz ihrer Rechte. Was bleibt ihm anderes, als abzuwägen. Ein Rauchverbot schränkt die Persönlichkeitsrechte des Rauchers zweifellos ein. Gibt es dafür eine Rechtsgrundlage? Ist sie verfassungsgemäß? Schränkt sie die Rechte des Rauchers mehr ein als nötig und angemessen?

Mit derartigen Abwägungsfragen muss sich beschäftigen, wer herausfinden will, ob Grundrechte verletzt wurden. Immer geht es dabei um gegeneinanderstehende Interessen und um eine Entscheidung für die einen gegen die anderen – nach Bewertung aller relevanten Umstände.

So muss man die Grundrechte des Grundgesetzes immer mit dem ungeschriebenen Zusatz lesen: »Es sei denn, das Grundrecht eines anderen wiegt schwerer.« Ob dem so ist, muss von Fall zu Fall entschieden werden. Artikel 19 Absatz 2 bestimmt aber auch: »In keinem Fall darf ein Grundrecht in seinem Wesensgehalt angetastet werden.«

Man muss zugeben, dass Begriffe wie »Grenzen«, »Schranken« und »Wesensgehalt« wenig eindeutige Anhaltspunkte bieten, aber man kann die Schwierigkeit der Interpretation der Grundrechte auch ins Positive wenden, indem man sie als fortwährende Diskussion begreift. Und, immerhin, es ist eine Diskussion auf sicherem Grund, denn die Verfassungsgrundsätze, insbesondere das Rechtsstaatsprinzip, gewähren ein nachvollziehbares und transparentes Verfahren.

»Würde ist die konditionale Form von dem, was einer ist.« – Die Menschenwürde und die Rechtsverbindlichkeit der Grundrechte

»Die Würde des Menschen ist unantastbar.« Der erste Satz des Grundgesetzes ist vermutlich der bekannteste deutsche Gesetzestext. Diese Bekanntheit ist ein wenig trügerisch, denn wenn man den Satz näher betrachtet, stellt man fest, dass er eher Rätsel aufgibt, als etwas zu erklären. Im Vorwort habe ich angedeutet, was er, ins Allgemeinverständliche übersetzt, bedeuten soll: Jeder hat ein Recht darauf, anständig behandelt zu werden. Doch diese »Übersetzung« kann nicht mehr als eine erste Orientierung geben.

In Deutschland gelten etwa zweitausend Bundesgesetze, Abertausende Landesgesetze und Zehntausende von Rechtsverordnungen. Hinzu kommen internationale Gesetze und Verträge, etwa die Rechtsverordnungen der EU oder Handels- und Militärabkommen mit anderen Staaten, und alle diese Regelwerke enthalten Hunderte und Tausende von Vorschriften. Wären sie alle gleichrangig, ergäben sie keine perfekt durchorganisierte Ordnung, sondern ein heilloses Durcheinander.

Da in der Hierarchie der Gesetze das Grundgesetz den höchsten Rang einnimmt und sein erster Artikel die wichtigste Regel formuliert, die unser Recht kennt, müssen sich alle Gesetze, die in Deutschland gelten oder neu geschaffen werden, an diesem ersten Artikel messen lassen.

Doch es ist seltsam: Je öfter man den Satz »Die Würde des Menschen ist unantastbar« liest, desto weniger verständlich erscheint er einem. Was soll er denn eigentlich heißen?

Man kommt ihm nur bei, indem man ihn Wort für Wort betrachtet. Beginnen wir mit den bestimmten Artikeln »die« und »des«. In ihnen steckt schon, dass jeder Mensch Würde hat, und zwar gleich viel, ohne Ansehen der Person, und dass Würde etwas Absolutes ist, das sich nicht relativieren lässt. »Des« Menschen bedeutet: jedes Menschen, ohne Ausnahme. Alles, was uns normalerweise einladend erscheint, um zwischen Menschen zu differenzieren, Hautfarbe, Religion, Herkunft, Sprache, soll im Hinblick auf ihre Würde also keinen Unterschied machen.

In den ersten sechs Worten des Grundgesetzes ist ein ganzes Menschenbild formuliert. Es ist radikal egalitär.

Wir neigen einerseits dazu, seine Behauptung für eine Selbstverständlichkeit zu halten – natürlich werden alle Menschen gleich an Rechten und Würde geboren –, aber wenn wir uns nur ein wenig Zeit nehmen, unseren Alltag zu betrachten, müssen wir zugeben, dass wir andererseits permanent damit beschäftigt sind, einander zu bewerten. Dies verletzt nicht notwendigerweise die Menschenwürde, doch es zeigt, dass schon diese erste, scheinbar einfache Formulierung des Grundgesetzes einen nicht unwesentlichen utopischen Anteil enthält, einen Anteil, der erst noch verwirklicht werden muss.

Das Substantiv »Mensch« scheint auf den ersten Blick unmissverständlich. Um die Frage, ab wann ein Mensch als Mensch gilt, wird jedoch erbittert gestritten. Genießt schon die befruchtete Eizelle den Schutz der Menschenwürde? Oder erst der geborene Mensch? Oder doch schon der Fötus? Und falls ja, ab wann genau?

Welche Festlegungen einem hier auch immer als zutreffend erscheinen mögen, man wird zugeben müssen, dass sie genauso willkürlich sind, wie sie erscheinen. Wie verhält es sich mit Menschen, die kein Bewusstsein mehr haben? Und was ist mit den Toten? Und ab wann ist jemand tot?

Zu all diesen Fragen gibt es Gerichtsentscheidungen und Lehrmeinungen. Aber wichtiger, als diese Urteile und Ansichten zu kennen (man kann sie zum Beispiel auf der Homepage des Bundesverfassungsgerichts in den dort abrufbaren Entscheidungen nachlesen), ist es, sich bewusst zu machen, dass noch das scheinbar selbstverständlichste aller Wörter der Auslegung und Interpretation bedarf. Diese Arbeit sollten wir, die Bürger, uns selbst machen und sie nicht ausschließlich den Juristen überlassen, denn die Folgen treffen uns unmittelbar.

Das gilt erst recht für Begriffe, die im Alltag weniger gebräuchlich sind, wie zum Beispiel »Würde«. Ein Wort, das wenig konkret klingt, altertümelnd, vielleicht sogar ein wenig pompös. Genau darüber machte sich derjenige lustig, von dem das Zitat in der Überschrift zu diesem Kapitel stammt, der Wiener Satiriker Karl Kraus.

Sein Bonmot legt nahe, dass es mit der Würde des Menschen nicht so weit her ist, wie dieser gern von sich selbst annimmt. Den Gegenbeweis wird man wohl kaum führen können. Es ist aber dennoch möglich, den Begriff der Würde aus der Sphäre des Unverbindlich-Festlichen zu befreien und ihn mit einer nachprüfbaren Bedeutung zu versehen.

Nahe liegt es, zu sagen: Würde ist das, was den Menschen zum Menschen macht: die Fähigkeit zur Selbstbestimmung, zur Vernunft, sein freier Wille, seine Freiheit, Entscheidungen zu treffen und seine Identität zu bestimmen.

Das klingt zunächst einmal nicht schlecht. Doch sofort drängen sich Fragen auf: Was ist mit den Menschen, die zu Selbstbestimmung und Vernunft nicht fähig oder die nicht bei Bewusstsein sind? Demenzkranke oder Komapatienten beispielsweise haben ihre Vernunft und ihre Entscheidungsfreiheit eingebüßt, aber sind es nicht gerade sie, die ganz besonders auf den Schutz ihrer Würde angewiesen sind?

Es muss also noch etwas Weiteres hinzukommen, nämlich die Anerkennung durch die anderen. Nur, wenn wir uns gegenseitig als freie und gleiche Menschen anerkennen, entfaltet der Begriff der Würde eine gesellschaftliche Wirkung. Daraus erwächst auch die menschliche Verpflichtung in einer Gesellschaft, füreinander zu sorgen.

Die Achtung der Würde des Menschen betrifft somit im Wesentlichen drei Aspekte: den Schutz seiner Individualität, seine prinzipielle rechtliche Gleichbehandlung und die Sicherung seines Überlebens.

Wenn dies die drei wesentlichen Aspekte der Menschenwürde sind, liegt auf der Hand, dass sie permanent und überall auf der Welt bedroht und auch verletzt werden. Diktaturen wie in Nordkorea verteufeln die Individualität, rechtliche Gleichbehandlung erscheint fast überall auf der Welt bestenfalls ein – bisher unerreichtes – Ziel, und die Sicherung des Überlebens, gar ein menschenwürdiges Existenzminimum entbehren unzählige Menschen.

Wie kommt also das Grundgesetz zu der schon beinahe ungeheuerlichen Behauptung: »Die Würde des Menschen ist unantastbar«? War den Autoren nicht klar, was in der Welt vor sich geht?

Doch, das war es. Der Horror des Zweiten Weltkriegs und des Holocausts stand den Frauen und Männern, die das Grundgesetz formulierten, vor Augen. Sechzig Millionen Menschen waren in den Jahren zuvor unter den entsetzlichsten Umständen gestorben. Was sollte da »unantastbar« heißen?

Es sollte heißen: nicht verhandelbar.

Das Menschsein darf einem Menschen nicht abgesprochen werden, ohne Ausnahme, nie.

So weit, so klar. Wenn wir an uns selbst denken, erscheint uns das so selbstverständlich, dass es eigentlich keiner Erwähnung bedürfte. Weniger selbstverständlich erscheint es uns, wenn wir daran denken, dass dies bedeutet: Auch die Würde des schlimmsten Verbrechers ist unantastbar. Kann sich ein Kindesmörder auf seine Menschenwürde berufen?

Er kann es, und sie kann ihm nicht aberkannt werden. Das bedeutet nicht, dass er keine Strafe befürchten muss. Der Staat hat die Aufgabe, seine Bürger zu schützen und diejenigen zu bestrafen, die seine Gesetze brechen. Warum ist dann aber ausgerechnet in diesem Zusammenhang die Rede von der Würde des Täters und nicht des Opfers?

An dieser Stelle gerät unser natürliches sittliches Empfinden mit dem Anspruch des Gesetzes in einen ernsten Konflikt. Den Begriff der Würde ausgerechnet mit denjenigen Menschen in Verbindung zu bringen, welche andere entwürdigend behandelt haben, widerstrebt uns, es empört uns. Um es zu verstehen, muss man sich vergegenwärtigen, was die Grundrechte leisten sollen und was nicht.

Wir sind es gewohnt, Gesetze, Regeln überhaupt, als Verhaltensnormen zu lesen. Auch die Grundrechte formulieren »Verhaltenserwartungen« (der Begriff stammt von dem Soziologen Niklas Luhmann), doch das ist nicht ihr Hauptzweck. In erster Linie sind sie Abwehrrechte gegen den Staat. Das verblüfft zunächst, denn ist es nicht gerade der Staat, der uns diese Gesetze gibt?

Nicht nach der Auffassung, der das Grundgesetz folgt. Danach verleiht nicht erst der Staat dem Menschen die Freiheit. Der Mensch ist frei geboren, unabhängig davon, ob der Staat, in dem er lebt, dies anerkennt oder nicht. Ein Staat, der das respektiert, kann eigentlich nur eine einzige Kernaufgabe haben. Sie ist im zweiten Satz des Grundgesetzes formuliert: Die Menschenwürde »zu achten und zu schützen ist Verpflichtung aller staatlichen Gewalt«.

Zuerst einmal also ist es die Aufgabe des Staates, seine Bürger zu schützen. Er tut dies zum Beispiel, indem er Strafgesetze erlässt und deren Einhaltung überwacht. In einer idealen Welt würde ihm das so gut gelingen, dass es keine Gesetzesübertretungen, keine Straftaten und damit auch keine Opfer von Straftaten gäbe. Solange es sie jedoch gibt, stellt sich die Frage, wie mit den Tätern umgegangen werden soll.

Die Antwort des Grundgesetzes ist: Wie auch immer sie bestraft werden, die Strafe darf ihr Menschsein nicht infrage stellen. Das bedeutet den Ausschluss der Todesstrafe, das Verbot der Folter und von erniedrigenden und grausamen Strafen.

Es gibt in Deutschland immer wieder Umfragen zur Todesstrafe. Die große Mehrheit der Bevölkerung lehnt sie ab. Überrascht hat vor einigen Jahren allerdings eine Umfrage unter Jurastudenten, bei der immerhin ein Drittel der Befragten nicht ausschließen wollte, dass in manchen Fällen die Todesstrafe ihrer Meinung nach das Mittel der Wahl wäre. Vielleicht lässt sich das mit ihrem Anfangseifer erklären, sie wandeln damit allerdings in gefährlicher Nähe des Neonazislogans »Todesstrafe für Kinderschänder«, der nicht ungeschickt auf etwas abzielt, das doch jedem einleuchten müsse: dass besonders grausame Verbrechen auch besonders hart bestraft werden sollten.

Ähnlich motiviert war die Debatte um die Relativierung des Folterverbots nach dem 11. September 2001, die auch in Deutschland geführt wurde. Jedoch, das Grundgesetz nennt keine Ausnahmen von der Achtung der Menschenwürde, und das Bundesverfassungsgericht hat diese Sichtweise bestätigt: Keine noch so große Zwangslage, keine noch so schlimme Tat erlaubt die Abkehr von diesem obersten Verfassungsprinzip: keine Geiselnahme, kein auf ein voll besetztes Fußballstadion zurasendes, von Terroristen gekapertes Flugzeug, nichts dergleichen.

Es kann in einer Notwehrlage rechtmäßig sein, einen Menschen zu töten. Ihm seine Würde zu nehmen, niemals. Es ist ein radikaler, vielleicht sogar dogmatischer Standpunkt, den unsere Rechtsordnung hier vertritt, aber er bezeichnet nicht weniger als den Dreh- und Angelpunkt unseres Verständnisses von Zivilisation.

Folgerichtig bekennt sich Artikel 1 des Grundgesetzes in seinen wenigen weiteren Sätzen zu den Menschenrechten als Grundlage für Frieden und Gerechtigkeit in der Welt und stellt klar, dass die nachfolgenden Grundrechte unmittelbar geltendes Recht darstellen. Man stolpert über das Wort »nachfolgenden«. Heißt das, Artikel 1 selbst, die Menschenwürde, ist gar kein Grundrecht?

Sie ist weniger und mehr als das. Mehr, weil sie das

eine, oberste, über der gesamten Rechtsordnung stehende Prinzip ist, weniger, weil sich aus ihr kaum unmittelbare Rechte ableiten lassen, die nicht schon in anderen, konkreteren Vorschriften formuliert wären. Spielt unser oberstes Verfassungsprinzip also nur eine Rolle in jenen oben angedeuteten, emotional aufgeladenen und extremen Fragen oder auch in unserem Alltag? Die Antwort ist: sowohl als auch.

Die Rechtsprechung hat für einige Bereiche ganz konkret formuliert, wie der Staat die Menschenwürde zu schützen hat. Drei davon seien hier genannt.

Der erste ist derjenige der privaten Lebensgestaltung. Jeder von uns hat ein Recht darauf, in Ruhe gelassen zu werden, ein Privatleben zu haben, das nur er selbst kennt und auf das der Staat keinerlei Zugriff hat.

Der zweite betrifft den Schutz der elementaren Rechtsgleichheit. Die grundsätzliche Behandlung eines Menschen als zweitklassig verletzt seine Würde.

Der dritte Bereich umfasst die elementaren Lebensgrundlagen. Jeder Einzelne von uns hat ein Grundrecht auf ein menschenwürdiges Existenzminimum, das der Staat jedem gewährleisten muss, der nicht für sich selbst sorgen kann.

Tritt man einen Schritt zurück und betrachtet diese Formulierungen, erkennt man wieder die drei Kardinalforderungen der Menschenwürde: Freiheit, Gleichheit, Brüderlichkeit. Alle Grundrechte, die das Grundgesetz formuliert, lassen sich daraus ableiten.

»Vielleicht bist du ein Realist, dem Freiheit nicht so wichtig ist.« – Persönliche Freiheitsrechte

Das Zitat stammt aus einem Lied der Schlagersängerin Helene Fischer. Die darin enthaltene Vorstellung, Freiheit und Realismus stünden in Widerspruch zueinander, ist weitverbreitet.

Das Gegensatzpaar Freiheit – Realismus legt nahe, die Freiheit sei eher einer utopisch-träumerischen Sphäre zuzurechnen, der Realismus hingegen einer alltäglich-konkreten, weshalb er zumeist die schlagkräftigeren Argumente auf seiner Seite habe. In dieser Sichtweise liegt eine Skepsis, die das Grundgesetz eigentlich nicht teilt, wenngleich es dort, wo es zum ersten Mal von der Freiheit spricht, auch sofort auf die Beschränkungen kommt, denen sie unterliegt. Sein Freiheitsbegriff ist allerdings schärfer umrissen.

Wenn von Freiheit die Rede ist, werden das Recht auf Leben und das Recht auf körperliche Unversehrtheit ganz selbstverständlich mitgedacht. Was hätte es für einen Sinn, über Freiheit zu philosophieren, wenn diese grundlegenden Existenz- und Schutzrechte nicht gegeben wären? Artikel 2 nennt sie dennoch, als erste Verfassung in der deutschen Geschichte, ganz ausdrücklich und in kategorischer Ablehnung der nationalsozialistischen Definition von »lebensunwertem Leben«, dessen Vernichtung noch wenige Jahre vor dem Inkrafttreten des Grundgesetzes Staatsdoktrin war.

Es wäre allerdings fatal, in dieser Formulierung nicht mehr zu sehen als eine inzwischen museal gewordene Verurteilung nationalsozialistischer Vernichtungspolitik. Die Garantie der Menschenwürde in Artikel 1 setzt den Schutz des menschlichen Lebens und der körperlichen Unversehrtheit notwendig voraus.

Man muss keine komplizierten Fallkonstellationen bemühen, um sich klarzumachen, dass die körperliche Unversehrtheit zum Beispiel bei fast jedem physischen polizeilichen Eingriff in Gefahr gerät. Trotzdem erlaubt Artikel 2 solche Eingriffe, soweit eine gesetzliche Grundlage dafür vorhanden ist, die den Wesensgehalt der Grundrechte nicht verändert oder beseitigt. Ob das der Fall ist, kann jeder Betroffene jederzeit gerichtlich überprüfen lassen.

Der Grundsatz der Verhältnismäßigkeit ist hier ein wesentliches Prinzip, das immer beachtet werden muss. Verhältnismäßig ist, was geeignet, erforderlich und angemessen ist, um das gewünschte, rechtmäßige Ziel zu erreichen. Es kann deshalb Fälle geben, in denen die Rechtsordnung sogar die Tötung eines Menschen erlaubt, zum Beispiel in Notwehr oder Nothilfe, wenn kein weniger drastisches Mittel zur Verfügung steht.

Gewisses Aufsehen hat in jüngerer Vergangenheit das Theaterstück »Terror« des Strafverteidigers und Autors Ferdinand von Schirach erregt. Es wurde auch verfilmt, und die Zuschauer vor dem Fernseher und im Theater durften darüber abstimmen, wie sie über folgenden Fall entscheiden würden:

Ein Terrorist entführt ein mit 164 Passagieren besetztes Verkehrsflugzeug und steuert damit auf ein voll besetztes Fußballstadion zu. Ein Kampfpilot schießt das Verkehrsflugzeug ab. Er tötet 164 unschuldige Menschen und rettet damit Zigtausende andere.

Die Frage, ob der Kampfpilot dafür zu verurteilen sei oder nicht, wurde von den meisten Zusehern verneint. Damit ist aber die weitaus bedeutsamere Frage, ob unsere Verfassung sein Verhalten erlaubt, längst nicht beantwortet.

Wenn das Recht auf Schutz des menschlichen Lebens und das Recht auf körperliche Unversehrtheit wirklich unantastbar sind, kann es keine im Vorhinein festgelegten Fälle geben, in denen sie es doch nicht sind. Aber kann die Konsequenz wirklich sein, dass man, um das Leben der 164 Passagiere nicht zu gefährden, tatenlos bleibt und zulässt, dass Zigtausende sterben? Was ist mit deren Grundrechten? Ist deren Recht auf Schutz des Lebens, auf körperliche Unversehrtheit, ist deren Menschenwürde weniger unantastbar? Weiß man am Ende doch nichts Besseres, als nach dem Grundsatz des geringeren Übels zu entscheiden, der doch gerade im Hinblick auf die Grundrechte keine Rolle spielen sollte?

Weder das Grundgesetz noch das Bundesverfassungsgericht geben auf diese Fragen überzeugende Antworten. Vielleicht, weil es schlichtweg keine geben kann. Dies jedoch zum Anlass zu nehmen, manche Grundrechte grundsätzlich infrage zu stellen, hätte weitreichende Folgen, die letztlich vom Humanitätsbekenntnis des Grundgesetzes nicht mehr viel übrig ließen.

Welche Argumente blieben dann noch gegen die Todesstrafe? Gegen die Folter? Am Ende braucht dieses Bekenntnis die Überzeugung, dass seine Vorteile die Nachteile bei Weitem überwiegen. Diese Überzeugung ist ein Bollwerk gegen staatliche Willkür, denn wenn es dem Staat erlaubt ist, im Vorhinein durch Gesetz die Umstände zu definieren, unter denen Menschen verletzt, gefoltert, getötet werden dürfen, werden sich alsbald Interpreten finden, die feststellen, diese Umstände lägen jetzt vor.

Von Schirachs Stück war harscher Kritik ausgesetzt, prominente Strafrechtsprofessoren bezeichneten es als »gewaltige Fehlleistung« in juristischer Hinsicht. Auch der Titel sei reißerisch gewählt, denn ähnliche Zwangslagen seien auch ohne terroristischen Hintergrund vorstellbar. Das mag zutreffen, doch gerade indem das Stück den Terror gegen Grundrechte und damit die Menschenrechte schlechthin in Stellung bringt, bezeichnet es sehr präzise die Grenzlinie, an der heute in der öffentlichen Diskussion die größte Bewährungsprobe für die Menschenrechte stattfindet.

Nach einem Terroranschlag in London hat die britische Premierministerin konstatiert: »Ich sage es klar: Wenn die Gesetze zum Schutz der Menschenrechte der Bekämpfung von Extremismus und Terrorismus im Weg stehen, werden wir diese Gesetze ändern, um die Sicherheit des britischen Volkes zu gewährleisten.« Es mag sein, dass solche Äußerungen der Gefühlslage vieler entsprechen. Warum nicht ein ziemlich abstraktes Gut eintauschen gegen ganz konkreten, effektiveren Schutz?

Die Frage ist allerdings, ob die Gelegenheit für einen derart schlichten Handel überhaupt existiert. Stimmt es denn, dass die anständigen Bürger nichts zu befürchten hätten? Die jüngste Geschichte der Türkei zeigt: Die Einschränkung und Außerkraftsetzung bürgerlicher Freiheiten beseitigt den Terror keineswegs, sorgt aber dafür, dass Vertreter abweichender Ansichten kriminalisiert werden und scharenweise ins Gefängnis wandern.

Es stimmt, ein Staat, der sich zu den Menschenrechten bekennt, privilegiert damit nicht nur seine Bürger, sondern auch seine Feinde. Doch Letztere erreichen genau, was sie wollen, wenn Ersterer aufgibt, wofür er steht, um sich gegen sie zu verteidigen.

Wenn wir uns bewusst machten, dass es für dieses Dilemma keine einfache Lösung gibt, wäre schon viel gewonnen. Attentäter, die bereit sind zu sterben, wird man durch den Erlass drakonischer Gesetze nicht beeindrucken. Aber wenn wir oft genug wiederholen, dass es ausgerechnet die Menschenrechte sein sollen, die uns daran hindern, in Frieden zu leben, werden wir uns irgendwann dazu entschließen, sie aufzugeben.

Eines dieser Rechte ist uns so selbstverständlich geworden, dass wir es kaum noch als besonderes Recht wahrnehmen: das der allgemeinen Handlungsfreiheit. Umfassender und wohl auch präziser wird es manchmal auch allgemeine Verhaltensfreiheit genannt.

Es ist, schlicht gesagt, das Recht zu tun und zu lassen, was immer man will, und ergibt sich aus dem Recht zur freien Entfaltung der Persönlichkeit, das in Artikel 2 Absatz 1 des Grundgesetzes garantiert wird.

Die allgemeine Handlungsfreiheit wird oft verdeckt durch speziellere Grundrechte und Rechte. So konkretisiert sie sich etwa in der Freiheit der Berufswahl, der Freizügigkeit, der Versammlungs- oder Demonstrationsfreiheit.

Dem Grundgesetz ist Pathos nicht immer fremd, doch an dieser Stelle ist es erfreulich nüchtern. Im allgemeinen Sprachgebrauch assoziiert man mit Freiheit gern Grenzenlosigkeit. Eine eingeschränkte Freiheit ist keine wirkliche, restlose (sondern eben eher »Realismus« im Sinne Helene Fischers).

In diesem Sinn mögen die Freiheitsversprechen des Grundgesetzes für manchen enttäuschend klingen, denn es formuliert sehr bestimmt, wie weit sie gehen und wo sie enden. Das Recht auf freie Entfaltung der Persönlichkeit endet dort, wo es Rechte anderer verletzt, gegen die verfassungsmäßige Ordnung oder gegen das Sittengesetz verstößt.

Puh, denkt man, was bleibt dann noch übrig? Man kann ja praktisch kaum etwas tun, was nicht auch irgendeinen Effekt auf die Mitmenschen hätte. Wenn meine Nachbarin zum Beispiel Klavier spielt, ist dieses Verhalten absolut gedeckt von ihrem Recht auf freie Entfaltung ihrer Persönlichkeit. Es verstößt weder gegen die verfassungsmäßige Ordnung noch gegen ein Sittengesetz. Muss ich also damit leben, auch wenn es mir auf die Nerven geht?

Teils, teils. Wenn es irgendeine Rechtsgrundlage gibt, etwa eine Hausordnung, auf die man sich geeinigt hat, kann ich zumindest auf der Einhaltung bestimmter Zeiten bestehen, zu denen gespielt werden darf (was ich niemals tun würde, weil ich meistens ganz gern zuhöre).

Das ist, zugegeben, recht banal, doch der Sinn und Zweck der allgemeinen Handlungsfreiheit erschöpft sich nicht darin. Das Grundgesetz will mit ihrem besonderen Schutz als Grundrecht klarstellen, dass jedes menschliche Verhalten, unabhängig von seiner Bedeutung, einerseits besonderen freiheitlichen Schutz genießt und andererseits gesetzlicher und gesellschaftlicher Kontrolle unterliegt. Letzteres wird durch das für heutige Ohren seltsam klingende Wort »Sittengesetz« ausgedrückt, das die allgemeingültigen gesellschaftlichen Anschauungen an dieser Stelle für maßgeblich erklärt.

Weniger bekannt als die allgemeine Handlungsfreiheit ist, zumindest unter diesem Namen, das allgemeine Persönlichkeitsrecht. Das Grundgesetz nennt es nirgends ausdrücklich, doch das Bundesverfassungsgericht hat es in seiner Rechtsprechung allmählich aus den Prinzipien der ersten zwei Artikel des Grundgesetzes entwickelt und zur Illustration eine sogenannte Sphärentheorie entwickelt. Danach umgeben den Menschen in konzentrischen Kreisen bestimmte Sphären.

Das mag zunächst etwas rätselhaft klingen, entspricht aber wohl dem, wie sich die meisten von uns ihr Verhältnis zu anderen und zur Öffentlichkeit vorstellen. Was wir Persönlichkeit nennen, kann jemand nur entwickeln, wenn ihm ein Bereich zugestanden wird, zu dem kein anderer Zutritt hat, am allerwenigsten der Staat.

In diese Intimsphäre, die vor allem die Gedanken- und Gefühlswelt eines Menschen betrifft sowie seine Sexualität, darf von niemandem eingegriffen werden. Es ist ein Markenzeichen des Totalitarismus, ebendiese Sphäre angreifen und auflösen zu wollen. Wer nirgendwo mehr für sich sein kann, verliert seine Autonomie. Er wird durchschaubar, erpressbar, steuerbar. Eingriffe in die Intimsphäre können deshalb niemals verfassungsgemäß sein.

Ein weiter gezogener Kreis umfasst die Privatsphäre, darum schließt sich die Sozialsphäre, den äußersten Ring bildet die Öffentlichkeitssphäre.

Je weiter entfernt vom Kern, desto weniger schutzwürdig erscheinen diese Sphären. Ob Eingriffe rechtmäßig sind, hängt aber auch davon ab, wen sie betreffen.

Personen des öffentlichen Lebens, Politiker zum Beispiel, müssen es sich gefallen lassen, dass aus ihrem Privatleben berichtet wird, falls ein überwiegendes öffentliches Interesse daran besteht. Dessen ungeachtet haben sie das Recht, sich, wie jeder andere auch, gegen verfälschende Darstellungen ihrer Person zu wehren. Sie können sich dabei auf das Recht am eigenen Bild, das Recht am eigenen Wort und den Schutz der persönlichen Ehre berufen.

Für jemanden, der nicht prominent ist, kann schon die öffentliche Nennung seines Namens eine Persönlichkeitsrechtsverletzung darstellen. Grundsätzlich hat jeder das Recht, selbst zu entscheiden, mit wem und womit er öffentlich in Zusammenhang gebracht werden will.

Als all diese Grundsätze formuliert wurden, waren soziale Medien noch nicht erfunden. In den Achtzigerjahren, als das Bundesverfassungsgericht die Durchführung einer Volkszählung in der geplanten Form verbot, weil eine Reihe personenbezogener Daten von jedem Bundesbürger gespeichert werden sollten, zeichnete sich hingegen bereits ab, dass die Weiterentwicklung der Computertechnologie bald die Erhebung und Speicherung von Informationen in völlig neuen Dimensionen zulassen würde. Das Bundesverfassungsgericht setzte dem das Grundrecht auf informationelle Selbstbestimmung dagegen, das es aus dem allgemeinen Persönlichkeitsrecht entwickelte.

Eine Gesellschaft, in der die »Bürger nicht mehr wissen können, wer was wann und bei welcher Gelegenheit über sie weiß«, sei mit diesem Grundrecht nicht vereinbar. Und: »Wer unsicher ist, ob abweichende Verhaltensweisen jederzeit notiert und als Information dauerhaft gespeichert, verwendet oder weitergegeben werden, wird versuchen, nicht durch solche Verhaltensweisen aufzufallen.«

An diesem Zitat ist zweierlei besonders bemerkenswert. Erstens: Unser Staat sieht es als seine Aufgabe an, dem Einzelnen einen Freiraum zu schaffen und zu erhalten, in dem er sich unbehelligt von Verhaltensmaß-

regeln » abweichend « verhalten kann, solange und soweit dies Rechte anderer nicht verletzt. Zweitens: Die
technische Entwicklung der letzten Jahrzehnte hat die
Erhaltung dieses Freiraums faktisch nahezu unmöglich
gemacht. So will es derzeit jedenfalls scheinen.

Die Volkszählung löste, als sie 1987 dann doch, wenn
auch in modifizierter Form, durchgeführt wurde, bundesweite Proteste aus; es wurde demonstriert, die Gefahr eines orwellschen Überwachungsstaats beschwo-
ren.

Weit mehr, als damals an Daten abgefragt werden
sollte, verrät heute jeder Internetuser, der einen E-Mail-
Account besitzt, über sich, sein Privatleben, seine persönlichen Beziehungen, Freunde ... Wenn er Facebook
nutzt, listet er seine Freunde öffentlich auf und willigt
in den Allgemeinen Geschäftsbedingungen ein, dass die
von ihm eingestellten Inhalte zu Werbezwecken unent-
geltlich verwertet werden dürfen. Das geschieht millio-
nenfach freiwillig und mit Begeisterung.

Die Forderung des Bundesverfassungsgerichts, der
Einzelne müsse jederzeit die Kontrolle über seine Daten behalten und selbst über ihre Weitergabe und Ver-
wendung bestimmen können, erscheint heute als reine
Fiktion.

Das Gericht warnte in diesem Zusammenhang vor
dem » Einschüchterungseffekt auf die Freiheitswahr-
nehmung «, den der staatliche Zugriff auf diese Daten
haben könne. Ist es aktuell irgendeinem von uns möglich, positive Kenntnis darüber zu erlangen, wohin all
die Informationen gelangen, die er im Netz hinterlässt?

Was wir googeln, jede E-Mail, die Daten unserer Kre-
dit-, EC- und Kundenkarten, jeder Kauf im Internet,
unsere Nutzerprofile – wer all dies besitzt und miteinander verbinden kann, erhält detaillierteste Kenntnisse

über das, was staatlichem Zugriff gerade vorenthalten bleiben sollte.

Das zuweilen angeführte Gegenargument, man habe ja nichts zu verbergen, geht völlig an der Sache vorbei. Es bedeutet, dass man seine verfassungsmäßig garantierte Freiheit kampflos aufgibt, sich wegduckt und lediglich hofft, nicht aufzufallen. Mit der Vorstellung von einem autonomen, selbstbewussten, kritischen Bürger hat das nichts zu tun.

Der erste Schritt dazu, diese Vorstellung zu verteidigen, wäre, sie sich bewusst zu machen und sie nicht vorschnell als Anachronismus abzutun, der in der Welt der Neuen Medien keinen Platz mehr habe.

Gibt es irgendeinen Grund, jemandem zu trauen, der uns erklärt, unsere Freiheit sei unmodern und nicht mehr mit dem neuesten Stand der Technik vereinbar? Wohl kaum.

Das Bundesverfassungsgericht jedenfalls fährt darin fort, das allgemeine Persönlichkeitsrecht dem neuesten Stand anzupassen.

Zuletzt hat es das sogenannte Computer-Grundrecht aus dem allgemeinen Persönlichkeitsrecht abgeleitet. In seiner ausführlichen Bezeichnung heißt es »Grundrecht auf Gewährleistung der Vertraulichkeit und der Integrität informationstechnischer Systeme« und trägt somit schon seine Forderung an den Gesetzgeber im Namen.

Nur wenn wir wirksame Methoden entwickeln, Vertraulichkeit und Integrität im Umgang mit unseren Daten zu gewährleisten, kann der Schutz der persönlichen Freiheitsrechte aufrechterhalten bleiben.

Es liegt allein an uns, ob wir uns erzählen lassen, der Verlust unserer Freiheitsrechte sei ein unvermeidlicher Kollateralschaden des technischen Fortschritts, oder ob wir fordern, dass genau dieser technische Fortschritt genutzt werden muss, um den Schutz unserer Grundrechte unter veränderten Bedingungen effektiv zu gestalten.

Schließlich schützt Artikel 2 des Grundgesetzes noch ein Grundrecht: die »Freiheit der Person«. Hinter dieser etwas allgemein anmutenden Bezeichnung verbirgt sich der erste und konkreteste Anwendungsfall der Freiheit überhaupt: die Bewegungsfreiheit. In sie darf nur unter strengen gesetzlichen Voraussetzungen eingegriffen werden.

Die Einzelheiten hierzu regelt Artikel 104 Grundgesetz, der noch einmal ausdrücklich festhält, dass seelische und körperliche Misshandlungen auch auf frischer Tat ertappter Straftäter ohne Ausnahme verboten sind und eine fortdauernde Freiheitsentziehung nicht ohne sofort herbeizuführende richterliche Überprüfung durchgeführt werden darf.

So selbstverständlich uns diese Regelungen erscheinen mögen, so fundamental sind sie, denn die Grundrechte dürfen ihre Wirkung nicht in dem Moment verlieren, wo jemand, ob zu Recht oder zu Unrecht, verhaftet wird.

Um ein letztes Mal auf Helene Fischer zurückzukommen: Der ideale Interpret der Grundrechte wäre ein Realist, dem Freiheit sehr, sehr wichtig ist. Scheinbar gute Gründe, Freiheiten einzuschränken, gibt es genug und sind leicht zu finden. Unsere Aufgabe besteht immer von Neuem darin, bessere Gründe zu finden, die es wert erscheinen lassen, sie zu verteidigen.

»Alle Tiere sind gleich« – Gleichheit vor dem Gesetz

Die Überschrift zitiert den Anfang eines berühmten Satzes aus George Orwells »Farm der Tiere«.

Die Tiere vertreiben die Menschen von einer Farm und übernehmen, unter Anführung der Schweine, die Macht. Vorbei sein soll die Schreckensherrschaft des Bauern, der vergaß, sie zu füttern, wenn er wieder getrunken hatte.

Vor allem Gleichheit fordern sie, Gleichheit für alle.

Doch leider wird der Traum von einer gerechten Gesellschaft schnell von der Wirklichkeit korrumpiert. Die Schweine nehmen sich Sonderrechte heraus und begründen dies damit, dass sie ja auch etwas Besonderes seien. Sie vermenschlichen zusehends, beginnen auf zwei Beinen zu gehen und Kleidung zu tragen. Das Gesetz der Gleichheit modifizieren sie. Es heißt nun: »Alle Tiere sind gleich, aber manche Tiere sind gleicher.« Unter dieser absurden Losung beginnt die Gewaltherrschaft der Schweine.

Und wie sieht es bei den Menschen aus? Sind sie alle gleich? Sollten sie es sein? Und, falls ja, könnten sie es überhaupt? Oder sind auch unter ihnen einige »gleicher«? Welche Art von Gleichheit ist eigentlich gemeint, wenn von »Freiheit, Gleichheit, Brüderlichkeit« die Rede ist? Ist das dieselbe Gleichheit, von der Artikel 3 des Grundgesetzes spricht, die zentrale Vorschrift zu den Gleichheitsrechten?

Viele Fragen, die schon erklärlich machen, warum man in Diskussionsrunden das Wort »Gleichheit« nur aussprechen muss, um die hitzigsten Reaktionen hervorzurufen. Auch das Gleichheitsgebot des Grundgesetzes gerät dabei schnell in Verdacht, Utopisches zu fordern, das mit unserer Lebenswelt herzlich wenig zu tun hat.

Bei alledem fällt zuallererst auf, dass offenbar jeder genau zu wissen glaubt, was unter Gleichheit zu verstehen sei, und sich eine Definition des Begriffs daher erübrige.

Im allgemeinen Sprachgebrauch wird das Wort ganz überwiegend in der Bedeutung von sozialer Gleichheit benutzt. Von dort kommt man sehr schnell zur Gerechtigkeit im Sinne von Ergebnis- oder Verteilungsgleichheit. Auf den einfachsten Nenner gebracht, bedeutet Gleichheit so verstanden: »Alle sollen das Gleiche haben.« Das ist aber mit Gleichheit als Grundrecht erst einmal gar nicht gemeint.

Gleichheit ist zunächst eine logische Konsequenz der Freiheit. Wenn die Menschenrechte (von denen die Freiheit eines ist) unveräußerlich sind und jedem Menschen zustehen, müssen sie jedem Menschen im gleichen Maß zustehen, alles andere würde sie ad absurdum führen.

Vor diesem Hintergrund ist der erste Satz des Artikels 3 des Grundgesetzes zu verstehen: »Alle Menschen sind vor dem Gesetz gleich.« Der Zusatz »vor dem Gesetz« bedeutet: rechtliche Gleichheit. Er verpflichtet Verwaltung und Rechtsprechung, die Gesetze auf alle gleich anzuwenden. Er bindet aber ebenso den Gesetzgeber selbst, denn auch er ist nach Artikel 1 Absatz 3 Grundgesetz an die Grundrechte als unmittelbar geltendes Recht gebunden.

So weit, so gut, aber verstößt der Gesetzgeber nicht

schon gegen diese angeblich so eiserne Regel, wenn er einige Grundrechte nur Deutschen gewährt? Zum Beispiel die Versammlungsfreiheit in Artikel 8: »Alle Deutschen haben das Recht, sich ohne Anmeldung oder Erlaubnis friedlich und ohne Waffen zu versammeln.«

Könnte sich an dieser Stelle nicht jeder Nichtdeutsche mit gutem Recht auf einen Verstoß gegen den Gleichheitsgrundsatz berufen? Dieser gilt schließlich für alle Menschen, nicht nur für alle Deutschen.

Nun bedeutet Artikel 8 nicht, dass im Umkehrschluss allen Nichtdeutschen Versammlungen verboten sind, sie können sich nur nicht auf den Schutz eines Grundrechts berufen. Dafür gibt es mindestens einen sachlichen Grund: Deutsche Staatsbürger sollen in vielfältiger Weise am Verfassungsleben teilnehmen. Sie wählen, werden gewählt, nehmen Ämter wahr, organisieren sich in Vereinigungen und Parteien. Zur Förderung dieser Zwecke helfen ganz entscheidend auch Versammlungen. Könnte der Staat sie unterbinden, wäre damit die vielleicht unliebsam gewordene politische Teilhabe seiner Bürger beeinträchtigt. Dieses Schutzinteresse besteht bei Bewohnern des Landes, die keine Staatsbürger sind, nicht.

Gibt es also so etwas wie eine zulässige Ungleichbehandlung? Die Antwort ist ja. Nach einem frühen Entwurf des Grundgesetzes sollte Artikel 3 Absatz 1 den Zusatz enthalten, Gleiches sei gleich, Verschiedenes nach seiner Eigenart zu behandeln. Die Ungleichbehandlung muss sachlich geboten sein und darf nicht willkürlich erscheinen. Wie weit sie gehen darf, ist in einer Verhältnismäßigkeitsabwägung im konkreten Einzelfall zu ermitteln. Das Bundesverfassungsgericht hat sich in den letzten sechs Jahrzehnten große Mühe gegeben, diese Differenzierungskriterien zu definieren, aber es wäre unredlich, so zu tun, als habe es die eine allgemeingültige und befriedigende Antwort auf die Frage gefunden, wie Gleichheit und Gerechtigkeit zu erreichen seien.

Zwischen »Jedem das Gleiche« und »Jedem das Seine« werden sich zumeist nur vermittelnde Lösungen finden lassen, und nur in seltenen Fällen wird sich nur das eine oder das andere als richtig erweisen.

Alle Menschen sind gleich, und sie sind überhaupt nicht gleich. Sie ähneln sich und sind doch grundverschieden. Einige sind unendlich begünstigt, andere müssen um das nackte Überleben kämpfen. Ist jeder seines eigenen Glückes Schmied? Oder machen ihn seine Lebensumstände zu dem, was er ist? Oder liegt die Wahrheit irgendwo zwischen diesen beiden Punkten? Und falls ja, wo? Es liegt in der Natur dieser Fragen, dass sich Antworten darauf nur von Fall zu Fall finden lassen und niemals restlos überzeugen können.

Es mag paradox klingen, aber gerade deshalb ist es nötig, jede dieser Antworten am Ideal des Gleichheitssatzes zu messen. Dies ist auch eine Erklärung dafür, dass es der Gesetzgeber nicht bei dem Satz »Alle Menschen sind vor dem Gesetz gleich« belassen hat, sondern in den folgenden Absätzen Regelungen getroffen hat, die streng genommen eigentlich nur besondere Anwendungsfälle des allgemeinen Gleichheitssatzes sind. Überflüssig sind sie keineswegs, im Gegenteil, sie bezeichnen die Felder, auf denen bis heute die härtesten Auseinandersetzungen um Gleichberechtigung ausgetragen werden.

Schon der Begriff »Gleichberechtigung« an sich stand lange Zeit und steht immer noch vor allem für die Gleichberechtigung der Geschlechter. Das Grundgesetz stellt in Artikel 3 Absatz 2 Satz 1 apodiktisch fest: »Männer und Frauen sind gleichberechtigt.« Doch schon der nächste Satz enthält das Eingeständnis, dass dies nicht die gesellschaftlichen Gegebenheiten beschreibt, sondern eine – bis heute nicht erreichte – Zielvorstellung: »Der Staat fördert die tatsächliche Durchsetzung der Gleichberechtigung von Frauen und Männern und wirkt auf die Beseitigung bestehender Nachteile hin.«

Trotz der Feststellung »Männer und Frauen sind gleichberechtigt« durften Frauen auch nach dem Inkrafttreten des Grundgesetzes 1949 kein eigenes Konto eröffnen. Bis zum Inkrafttreten des Gesetzes über die Gleichberechtigung von Mann und Frau neun Jahre später galt weiterhin das Letztentscheidungsrecht des Ehemannes in allen Eheangelegenheiten. Eine Frau durfte auch nicht über ihr eigenes Vermögen verfügen, das stand allein ihrem Mann zu. War sie berufstätig, konnte er ihren Anstellungsvertrag ohne Angabe von Gründen jederzeit fristlos kündigen.

Es dauerte noch weitere zwanzig Jahre, bis sich der Gesetzgeber durchringen konnte, Frauen zu erlauben, ohne Einverständnis ihres Ehemannes erwerbstätig zu sein, und erst seit dieser Reform von 1977 wurde die »Hausfrauenehe« durch das Partnerschaftsprinzip ersetzt, das die traditionelle Rollenverteilung in der Ehe nicht mehr gesetzlich vorschreibt.

Das zu verinnerlichen fiel manchem schwer. Noch in einem juristischen Kommentar aus den Neunzigerjahren findet sich der wohlmeinende Hinweis, »die Arbeit der Frau im Haushalt [ist] als Unterhaltsleistung anzusehen, die prinzipiell gleichwertig neben dem Unterhalt des Mannes durch Barmittel steht«. Das ist ganz und gar richtig, gilt aber unzweifelhaft auch, wenn der Mann die Hausarbeit erledigt und die Frau das Geld nach Hause bringt.

Der Zusatz »vor dem Gesetz« in Absatz 1 verweist

auf die Herkunft der Gleichheitsvorstellung, die hier ausgedrückt wird. Die bürgerlichen Revolutionen, allen voran die französische, kämpften vor allem gegen die unterschiedliche Behandlung der Stände. »Gleichheit« in ihrem Sinn bedeutete vor allem die Abschaffung der Adelsprivilegien. Diese Forderung wäre in einer demokratischen Gesellschaft wie der unseren nur die Wiederholung einer Selbstverständlichkeit. An ihre Stelle sind neue getreten, welche Gleichbehandlungs- und Gerechtigkeitsvorstellungen Raum geben, die gesellschaftlich weit mehr umstritten sind. Hierher gehören die Diskussionen um die soziale Ungleichheit, um Diskriminierungsverbote, Genderfragen und das Problem der Political Correctness.

Der Begriff der »politischen Korrektheit« hat in Deutschland eine seltsame Karriere gemacht. Ursprünglich war er Ausdruck einer ethischen Forderung. Er kommt aus dem amerikanischen Englisch. »Politically correct« bedeutet richtig übersetzt nicht »politisch korrekt«, sondern »politisch richtig«. Die Forderung nach dem politisch Richtigen wurde von Teilen der Bevölkerung so sehr als moralisierende Bevormundung empfunden, dass sie »politisch korrekt« zu ihrem Hassbegriff erkoren, der alles verbieten solle, was man »eigentlich« denke, aber – wegen Hunderttausender wohlmeinender Vorschriften, die immer nur das Wohl der anderen im Blick hätten – nicht sagen dürfe.

Es wäre viel gewonnen, wenn die Beteiligten dieser Debatten begriffen, dass diese selbst ebenso wenig wie ihr Gegenstand »Auswüchse« darstellen, dass nichts davon Signal für den Untergang unserer Kultur ist, sondern diese und ähnliche Diskussionen genau in dem gesellschaftlichen Rahmen stattfinden, in dem sie stattfinden sollen. Sie handeln von nichts anderem als von der Frage, welche Vorstellungen von Gleichheit wir als verbindlich betrachten wollen. Es erstaunt bei diesen Auseinandersetzungen vor allem, wie wenig die Vorstellung von Meinungspluralität und ihrer Notwendigkeit für die Ermittlung demokratischer Kompromisse im allgemeinen Bewusstsein verankert ist. Der Streit um ein Thema wird noch immer eher als bedrohliche Krise erlebt denn als unverzichtbare Voraussetzung für ein am Ende mehrheitlich akzeptiertes Ergebnis. Sich vor Augen zu führen, dass dieser Prozess in all seinen sicher teilweise auch schmerzhaften Phasen gewünscht ist, sollte es leichter machen, ihn, um der Lösung der aufgeworfenen Konflikte willen, zu ertragen.

Im letzten Absatz des dritten Artikels macht das Grundgesetz einige weitere Vorgaben, die sich, wie schon erwähnt, an sich bereits aus dem Grundsatz der Gleichheit vor dem Gesetz ergeben. Sie schienen, wie die Gleichberechtigung von Männern und Frauen, dennoch nicht selbstverständlich genug, um sie nicht ausdrücklich zu erwähnen.

»Niemand darf wegen seines Geschlechtes, seiner Abstammung, seiner Rasse, seiner Sprache, seiner Heimat und Herkunft, seines Glaubens, seiner religiösen oder politischen Anschauungen benachteiligt oder bevorzugt werden.« Und: »Niemand darf wegen seiner Behinderung benachteiligt werden«, bevorzugt hingegen schon. Diese Aufzählung ist bei Weitem nicht abschließend, sieht man sich an, weshalb Menschen im alltäglichen Leben benachteiligt oder bevorzugt werden, zum Beispiel wegen ihrer Kleidung, wegen ihres Aussehens, ihres Vermögens, ihrer Vermögenslosigkeit usw. Hier aber ist wiederum zunächst nur die Behandlung »vor dem Gesetz« gemeint: Wo die staatlichen Gewalten nach solchen Kriterien differenzieren, handeln sie verfassungswidrig. Es gibt jedoch mehr und mehr gesellschaftliche und politische Tendenzen, Diskriminierungsverboten auch unter Privatleuten Geltung zu verschaffen.

Eine Rechtsgrundlage dafür lässt sich aus dem Grundgesetz nicht ohne Weiteres herauslesen, und es bestünde die Gefahr, dass dann persönliche Vorlieben oder Abneigungen immer leichter zum Gegenstand auch gerichtlicher Auseinandersetzungen würden – was der Idee der individuellen Freiheit grundlegend zuwiderläuft. Wenn ein Anhänger der deutschen Leitkultur und die Trägerin eines Kopftuchs vor dem Gesetz wegen ihrer Überzeugungen nicht unterschiedlich behandelt werden dürfen, ist das vorbehaltlos zu begrüßen. Wenn sie sich jedoch wegen ihrer einander ablehnenden Anschauungen gegenseitig verklagen könnten, bliebe von der Idee, dass die freie Entwicklung der Persönlichkeit Privatsache ist, nicht mehr viel übrig. Liest man die bloße Textfassung des Artikels 3, kann man ihn, vielleicht sogar mit besseren Argumenten, als Ermutigung zur Vielfalt lesen.

Nachdem in Artikel 1 die Würde und in Artikel 2 die Freiheit aller manifestiert wurde, erschien es nur logisch, festzuhalten, dass bei aller Ungleichheit der Menschen, was Geschlecht, Abstammung, Hautfarbe, Herkunft usw. betrifft, ihre Gleichbehandlung durch den Staat gewährleistet wird. Insofern wäre Artikel 3 ein Plädoyer für den Unterschied, die Differenz, die Abweichung, verbunden mit der Zusage, dass niemand befürchten muss, vom Staat schlechter behandelt zu werden, weil er anders ist als die anderen. Gerade dies: anders zu sein, ist unser ureigenes Recht.

»Der Islam gehört zu Deutschland.« – Religions-, Glaubens- und Gewissensfreiheit

Dieser Satz ist wohl die prominenteste Hinterlassenschaft des ehemaligen Bundespräsidenten Christian Wulff. Als er ihn aussprach, war er als Bekenntnis zu Vielfalt und Integration gemeint, und doch hat er es gerade deren Gegnern nur allzu leicht gemacht, ihn abzulehnen und sogar zu verhöhnen. Das liegt zunächst einmal daran, dass der Satz merkwürdig schief klingt. »Gehören« Religionen zu Territorien, Ländern?

Lassen wir den Islam kurz beiseite und machen wir die Gegenprobe mit dem Christentum. Es entstand in Palästina und wurde über die ganze Welt verbreitet. In diesem Sinne »gehört« es zu Argentinien wie zu Polen, zu Irland wie zu Deutschland, zu Thailand oder auch zu China, denn in allen diesen Ländern leben Christen.

So gesehen wäre die Feststellung des damaligen Bundespräsidenten nicht sonderlich bemerkenswert gewesen. Sollte er aber zum Ausdruck gebracht haben wollen, dass in Deutschland auch Muslime ihren Glauben haben und ihre Religion ausüben dürfen, hätte er nur eine Selbstverständlichkeit wiederholt, die weit hinter der im Grundgesetz formulierten Religionsfreiheit zurückbleibt.

Warum aber verursachte der Satz dann so großen Aufruhr? Und warum wird Wulff bis heute für ihn geschmäht?

Die Kritiker der Religionsfreiheit führen ins Feld, die Autorinnen und Autoren des Grundgesetzes hätten sich bei der Formulierung des Artikels 4 bestimmt nicht vorgestellt, der Islam würde in Deutschland einmal die drittgrößte Religionsgemeinschaft stellen.

Das trifft höchstwahrscheinlich zu.

Sie haben sich aber wohl ebenso wenig vorgestellt, dass es in Deutschland einmal mehr Buddhisten als Juden geben und der größte Bevölkerungsanteil, über ein Drittel, konfessionslos leben würde.

Doch kann ein Menschenrecht, wie es die Religionsfreiheit darstellt, wirklich von solchen demoskopischen Veränderungen abhängen? Sind wir dadurch nicht vielmehr aufgefordert, unser Verhältnis zu ihr neu zu überdenken?

Vielleicht wäre es hilfreich, uns klarzumachen, dass wir uns in den letzten Jahrzehnten um Religionsfreiheit im Positiven wenig gekümmert haben. Am meisten hat uns die sogenannte negative Religionsfreiheit interessiert, die uns erlaubt, aus »der Kirche« auszutreten. Dies mit einer Mischung aus praktischer Gewandtheit (Steuerersparnis!) und Kirchenkritik zu begründen gilt als zeitgemäß und clever.

Die heute am meisten verbreitete Lesart versteht die Religionsfreiheit denn auch als Freiheit *von* der Religion. Darüber gerät in Vergessenheit, dass einer der Hauptgründe für ihr Entstehen dem entgegengesetzten Bedürfnis entsprach: Unsere Vorfahren kämpften jahrhundertelang *für* ihre Religion, genauer gesagt um das Recht, glauben zu dürfen, was sie wollen.

Ihren Anfang nahm diese Entwicklung mit der Reformationsbewegung. Mit Martin Luthers 95 Thesen entflammte 1517 der Streit, was man glauben dürfe und was nicht. Der Augsburger Religionsfriede von 1555 sah noch ausdrücklich vor, die Untertanen hätten dem Bekenntnis ihres Landesherrn zu folgen. Ein knappes Jahrhundert später, 1648, wurde der Dreißigjährige Krieg mit dem Westfälischen Frieden beendet, der festlegte, die Herrscher hätten die Glaubensentscheidungen ihrer Untertanen grundsätzlich zu dulden. Es dauerte jedoch noch weitere anderthalb Jahrhunderte – bis 1794 –, bevor daraus im preußischen Allgemeinen Landrecht Friedrichs des II. »vollkommene Glaubens- und Gewissensfreiheit« wurde.

Die Religionsfreiheit in dieser Entschiedenheit war ein Resultat der Aufklärung. Ein anderes war die Trennung von Kirche und Staat, die heute im Staatsorganisationsrecht des Grundgesetzes verankert ist. Dies wirft die Frage auf, wie eigentlich das Grundgesetz es mit der Religion hält. Den Namen Gottes nennt es nur an einer Stelle, in der Präambel.

Dort heißt es: »Im Bewusstsein seiner Verantwortung vor Gott und den Menschen ...« Damit bekennt es sich immerhin zu zweierlei: Gott existiert, und es existiert nur ein Gott. Der Bezug auf eine bestimmte Religion hingegen wird bewusst vermieden.

Es lohnt sich, darüber eine Weile nachzudenken. Das Grundgesetz geht von der Existenz Gottes aus, bindet sich aber an kein Glaubensbekenntnis. Seine Gesetze wollen der Verantwortung vor Gott gerecht werden, betrachten sich aber keineswegs als gottgegeben, sondern als ganz und gar menschlich. Sie beziehen ihre Berechtigung demzufolge nicht von Gott, sondern von verfassungsgebenden Beschlüssen und Abstimmungen der Menschen.

Dies wiederum hat zwingend zur Folge, dass die Religionsfreiheit dort ihre Grenzen findet, wo diese Ordnung relativiert werden soll. Dabei soll es keineswegs verboten sein, an ein göttliches Gesetz zu glauben, das über dem menschlich-weltlichen stehe. Erst, wer daraus Schlüsse zieht, die ihn in Konflikt mit der weltlichen Rechtsordnung bringen, muss an deren Grenzen stoßen.

Weltanschauliche Toleranz ist deshalb, anders als es in der öffentlichen Diskussion oft den Anschein hat, nicht in erster Linie Gefühlssache. Ihre Grenzen sind identisch mit jenen unserer Rechtsordnung. Ob Glaubensvorstellungen und der Ausdruck, den sie finden, »zu Deutschland gehören« oder nicht, ist demgegenüber von keinerlei Belang, zumal man nicht wüsste, wer über die Einschätzung solcher Befindlichkeiten zu urteilen hätte. Grundsätzlich sind sie erlaubt, sofern sie nicht gegen geltendes Recht verstoßen, ja sie sind sogar »unverletzlich«, wie es Artikel 4 des Grundgesetzes ausdrückt.

In gleicher Weise schützt die Vorschrift auch Glauben und Gewissen. Tiefe Überzeugungen sollen nicht nur geschützt sein, wenn sie an ein religiöses Bekenntnis gebunden sind. Ein Glaube braucht nicht notwendig eine Religion, das Gewissen nicht notwendig einen Glauben. Dies alles bedeutet also weit mehr, als der oft gehörte – und falsche – Satz, Religion sei Privatsache, vermuten lässt.

Es ist das gute Recht eines jeden, sich von den Religionen insgesamt abzuwenden, und in Deutschland tun dies auch immer mehr. Weitverbreitet ist die Vorstellung, diese Abwendung von der Religion sei auch eine Hinwendung zur Vernunft.

Das »Ich denke, also bin ich« René Descartes' ist ein Kernsatz der Aufklärung. Die notwendige Verknüpfung von eigenem Denken und eigener Existenz macht das Individuum zum Mittelpunkt seiner Welt. Dies war aber auch schon 1949 bekannt, als das Grundgesetz in Kraft trat. Dennoch stellte es die Religions-, Glaubens- und Gewissensfreiheit unter den Schutz eines eigenen Grundrechts. Das lässt nur den Schluss zu, dass die Autorinnen und Autoren des Grundgesetzes die Auffassung nicht teilten, den Ideen der Aufklärung zu folgen bedeute, die Religionen überwunden zu haben. Aufgeklärt im Sinne des Grundgesetzes heißt nicht laizistisch, antireligiös.

Das Grundgesetz verteidigt mit der Religionsfreiheit keinen Anachronismus. Sosehr es den Ideen der Aufklärung folgt, so bestimmt weiß es auch, dass seine Weltsicht weder die einzig mögliche noch die einzig richtige ist. Es manifestiert die Überwindung des Absolutheitsanspruchs der Religion und doch auch deren Bewahrung. Geschähe dies nur aus Gründen der Traditionspflege, würde es der Religionsfreiheit kaum den Rang eines Menschenrechts zugestehen.

Und was bedeutet das nun konkret für uns und unsere aktuelle Situation? Das Grundgesetz schützt auch den Glauben derer, die »Relativismus« offen ablehnen. Das Bekenntnis, die Demokratie sei gottlos, die liberalen Sitten der westlichen Gesellschaften seien ohne jede Moral und verstießen gegen das göttliche Gesetz, kann man von jedem Fundamentalisten, egal welcher Religion, zu hören bekommen. Es ist ihnen ausdrücklich erlaubt, solange sie die weltlichen Gesetze nicht verletzen, unter denen sie leben.

Und doch, in den letzten Jahrzehnten ist die Religionsfreiheit zusehends in Verruf geraten. In der öffentlichen Diskussion ist von ihr fast nur noch im Zusammenhang mit Kopftüchern, Moscheen und Islamismus die Rede. Gerade, dass sich Muslime so vehement auf ein Recht berufen, das sie, als es formuliert wurde, doch eigentlich gar nicht im Blick hatte, führt zu der oft gestellten Frage, ob »der Islam« mit »unserer Kultur« überhaupt vereinbar sei.

Von dort bis zur vermeintlichen Erkenntnis, die Religionsfreiheit sei die Wurzel des Übels, ist es dann nicht mehr weit. Mit dem, was sie eigentlich bedeutet, hat dies ebenso wenig zu tun wie mit unserer Kultur. Es ist deshalb kein kurioser Zufall, sondern folgerichtig, dass sich gerade diejenigen aufgerufen fühlen, das Abendland zu verteidigen, welche die Verbindung zu dessen geistigen Wurzeln entweder verloren haben oder noch nie hatten.

Es wäre leicht, darüber mit einem Achselzucken oder einem Naserümpfen hinwegzugehen. Besser aber ist es, dieses Phänomen näher zu betrachten. Immerhin berichtet es von einem Mangel, der nicht dadurch behoben werden wird, dass man ihn ignoriert. Die kulturelle Konfrontation mit dem Islam weist uns auf eine Frage hin, die wir uns selbst stellen müssen. Welche eigenen kulturellen Identifikationsangebote hält unsere Gesellschaft bereit?

Es gibt verschiedene Versuche, diese Frage zu beantworten. Manche propagieren eine Rückkehr zu den christlichen Religionen, andere fordern, es müsse Gesetze geben, die definieren, was zu unserer »Leitkultur« gehöre und was nicht. Aber kulturelle Identität kann nicht per Dekret verordnet werden. Mit dem Grundgesetz haben wir den Staat in weltanschaulich-religiösen Fragen zur Neutralität verpflichtet.

Die Religionsfreiheit dafür haftbar zu machen, dass uns selbst überzeugende Antworten fehlen, erscheint deshalb unreif. Wir werden unsere eigene kulturelle Identität nicht dadurch behaupten, dass wir andere verbieten. Ist die Idee des freiheitlichen Individualismus, der wir uns in den letzten Jahrzehnten so begeistert verschrieben haben, wirklich der Weisheit letzter Schluss? Oder gibt es einen Mangel an Spiritualität? An Zusammengehörigkeitsgefühl, an Gemeinschaft?

Die Antworten auf diese Fragen muss nicht nur jeder für sich selbst finden. Sie müssen auch von Gesellschaften immer wieder neu gefunden werden. Wie also lässt sich dieses Kapitel zusammenfassen? Die Religion gehört zu Deutschland?

Vielleicht besser so: Die Religion gehört zum Menschen. Wie er es mit ihr halten will, sollen nicht Staaten und Religionsgemeinschaften entscheiden, sondern er selbst, für sich und für die Gesellschaft, in der er lebt. Und vielleicht ist es gut, sich vor Augen zu führen, dass dies Entscheidungen sind, die immer wieder neu zu prüfen und zu treffen sind, wenn man bemerkt, dass sicher geglaubte Gewissheiten plötzlich zweifelhaft erscheinen.

»Das wird man ja wohl noch sagen dürfen!« – Die Freiheit der Meinung, der Kunst und der Wissenschaft

Was gesagt werden darf, was gesagt werden muss und was angeblich oder tatsächlich nicht gesagt werden darf, beschäftigt die Öffentlichkeit seit einiger Zeit in völlig neuer Weise.

Was sind Nachrichten?

Was sind *Fake News?*

Was sind Fakten?

Was sind alternative Fakten?

Gibt es einen *Mainstream?*

Gibt es eine Meinungsdiktatur des Mainstreams?

Oder dient der Begriff Mainstream einfach nur zur Verunglimpfung der Mehrheit?

Gibt es ungeschriebene Sprech- und Denkverbote, deren Verletzung geahndet wird?

Wie kommt es, dass bestimmte Nachrichten verbreitet werden, andere nicht?

Gibt es Nachrichten hinter den Nachrichten?

Lässt sich die Wahrheit kaufen und kontrollieren?

Und, falls ja, von wem?

Artikel 5 des Grundgesetzes gibt uns die Werkzeuge an die Hand, um alle diese Fragen und noch weitere zu beantworten.

Sein erster Satz liefert die unverzichtbare Basis für jede

echte Demokratie. Ohne das Recht, seine Meinung öffentlich und privat frei zu äußern und sich ungehindert zu informieren, ist eine eigenverantwortliche und wirkungsvolle Teilnahme am politischen Geschehen nicht möglich. Es steht nicht nur Einzelpersonen zu, sondern ebenso Presse und Rundfunk, und es betrifft alle Formen öffentlichen Sprechens und Publizierens gleichermaßen, auch all jene Medien, die wir als »neu« bezeichnen.

Zum demokratischen Meinungskampf gehört, dass Umfang und Grenzen dieser Voraussetzungen ständigem Streit unterliegen. Dies ist keineswegs ein Zeichen für den Missbrauch der Pressefreiheit, es ist im Gegenteil ein Zeichen für ihr Funktionieren. Doch warum schützt das Grundgesetz gerade insbesondere die Meinung, und nicht etwa nur das Recht, Nachrichten und Tatsachen zu verbreiten? Und wie lassen sich Meinungen von Tatsachen unterscheiden?

Auf den ersten Blick mag das evident erscheinen, doch die Praxis lehrt etwas anderes. Deshalb hier einige Definitionen, jeweils auf den einfachsten Nenner gebracht.

Eine Meinung ist jede wertende Äußerung. Eine Tatsache ist demgegenüber eine Aussage ohne Wertung, die sich beweisen lässt.

Eine wahre Tatsachenbehauptung ist dem Beweis zugänglich, eine falsche Tatsachenbehauptung nicht. Als Beweis darf nur etwas gelten, was sich objektiv nachprüfen lässt. Hörensagen zählt nicht dazu.

Dies so aufzuzählen klingt ein wenig nach Klippschule, aber die eingangs angerissenen öffentlichen Debatten der letzten Jahre machen deutlich, dass es ohne saubere Trennung dieser Begriffe unmöglich ist, Nachrichten von absichtlich verbreiteten Falschmeldungen – Fake News – zu unterscheiden.

Zunächst jedoch geht es um Meinungen.

Meinungen zu haben und zu verkünden ist genuiner Ausdruck individueller Freiheit, daher unterliegen sie grundrechtlichem Schutz. Da sie wertend sind, können sie nicht wahr oder unwahr sein. Es spielt auch keine Rolle, ob sie begründet oder willkürlich erscheinen, rational oder emotional, wertvoll oder wertlos, harmlos oder gefährlich, haarsträubend oder klug. Selbst, wenn sie scharf oder verletzend formuliert sind, verlieren sie nicht schon deshalb den Grundrechtsschutz.

Tatsachenbehauptungen hingegen unterliegen diesem Schutz nur, soweit sie zur Meinungsbildung erforderlich sind. Dies wiederum bedeutet, dass nur wahre Tatsachenbehauptungen geschützt sind. Unrichtige Information ist kein schützenswertes Gut, stellte das Bundesverfassungsgericht in seinem Urteil zur Auschwitzlüge ausdrücklich fest.

Das muss natürlich auch für weit weniger drastische Lügen gelten. Dennoch wird man nicht einmal Meinungen, die allgemein anerkannten Tatsachen zuwiderlaufen, den grundrechtlichen Schutz verwehren dürfen, denn die Meinungsfreiheit muss selbst irrtümliche und unsinnige Meinungen schützen.

Die Wette ist ja gerade, dass sich im demokratischen Meinungswettkampf die zutreffenden, nachvollziehbaren, vernünftigen Ansichten durchsetzen, weil die besseren Argumente für sie sprechen, und nicht, weil abweichende Meinungen verboten werden können.

Seine Schranken findet die Meinungsfreiheit allerdings, wie es Artikel 5 Absatz 2 ausführt, in den allgemeinen Gesetzen, dem Jugendschutz und dem Recht der persönlichen Ehre. In der Praxis spielen die Vorschriften des Strafrechts und zum Persönlichkeitsrecht die größte Rolle.

Meinungsäußerungen, die als Beleidigung, üble Nachrede, Verleumdung oder Verletzung des allgemeinen Persönlichkeitsrechts bewertet werden müssen, sind nicht geschützt.

Gibt es, abgesehen von den gesetzlichen Schranken, Denk- und Sprechverbote, die unsere Meinungsfreiheit einschränken? Was ist dran an dem oft gehörten Satz »Das darf man ja heutzutage gar nicht mehr laut sagen«? Leben wir unter dem Terror der Political Correctness?

Wahr ist: Das Gleichbehandlungsgebot des Artikels 3 Grundgesetz – »Niemand darf wegen seines Geschlechtes, seiner Abstammung, seiner Rasse, seiner Sprache, seiner Heimat und Herkunft, seines Glaubens, seiner religiösen oder politischen Anschauungen benachteiligt werden« – ist in erster Linie ein Arbeitsauftrag an den Staat.

Er darf keine diskriminierenden Gesetze erlassen, er ist zur Gleichbehandlung vor dem Gesetz verpflichtet. Niemand ist jedoch verpflichtet, ständig diesen Satz auf den Lippen zu führen. Im Gegenteil. Die Meinungsfreiheit schützt auch das Ressentiment.

»Es gibt eben doch Unterschiede, aber das darf man ja nicht mehr laut sagen.« Wer hat diesen Satz nicht schon einmal gehört? Rechtlich ist er falsch. Man darf sehr vieles sagen, sogar Ungeheuerliches.

Abwertende Pauschalurteile über Hautfarben, Religionszugehörigkeiten, Nationalitäten, Ethnien sind erlaubt. Erst das Aufstacheln zu Hass, zu Gewalt- oder Willkürmaßnahmen steht als Volksverhetzung unter Strafe.

Was würde man zum Beispiel gegen ein T-Shirt mit dem Aufdruck: »Schwarze, Juden, Türken, Schwule, Lesben, alles nette Leute ...« einwenden wollen? Und doch versteht man seine Botschaft sehr genau. Jemand, der seine rassistischen oder sexistischen Ressentiments für Wahrheiten hält, die man nicht aussprechen darf, wird das Gefühl haben, gegen Sprechverbote anzukämpfen.

Aber vielleicht ist die Wahrheit einfach die, dass sich der gesellschaftliche Diskurs weiterentwickelt hat. Wer sich von Political Correctness und Tugendterror verfolgt fühlt, erträgt möglicherweise nur nicht, dass man es wagt, seinen Ansichten zu widersprechen.

Der zweite Satz des ersten Absatzes von Artikel 5 gewährleistet die Pressefreiheit und die Freiheit der Berichterstattung durch Rundfunk und Film. Alle anderen Medien, über die sich Nachrichten und Informationen verbreiten lassen, sind damit mitgemeint.

All die Grundsätze über die Meinungsfreiheit gelten so für die Presse, wie sie für alle gelten. Die Pressefreiheit ist inhaltlich nichts anderes als die Meinungsfreiheit. Ihre ausdrückliche Erwähnung hat vor allem den Sinn, die Presse, die Medien überhaupt, als Institution zu schützen.

Jeder Staatsstreich beginnt damit, die Medien unter Kontrolle zu bringen und gleichzuschalten. Was nützte die Meinungsfreiheit, wenn mit den Medien das wichtigste Instrument abhandenkäme, sie sichtbar zu machen? Die Presse spielt im demokratischen Prozess eine Doppelrolle.

Sie ist Instrument und Gegenstand der Einflussnahme – was sie manchem dubios erscheinen lässt. Konkret bedeutet das: Die weitaus meisten Medien werden von privatwirtschaftlichen Unternehmen produziert. Ihr Geschäftsmodell ist die möglichst lukrative Publikation von Nachrichten, um damit Gewinn zu erzielen. Ebendiese Absicht – die Absicht jedes Unternehmens – wird den Medien gern als vernichtend gemeinte Kritik entgegengeschleudert. Es ginge ihnen ja nur um Auflage, Einschaltquoten, Klicks.

Dies scheint nach Ansicht vieler Menschen das Schlimmste zu sein, was sich über ein Medienunternehmen sagen lässt. Es ist jedoch genau umgekehrt. Die Absicht, Profit zu erzielen, ist unabdingbare Voraussetzung dafür, ein Medienunternehmen sein zu können.

Das ist eine seit Jahrhunderten bekannte Selbstverständlichkeit. Warum aber kann das Wort »Geschäft« im Zusammenhang mit dem Journalismus dann bis heute nur mit dem Beiklang moralischer Empörung ausgesprochen werden?

Dies traf und trifft insbesondere die Medien des »klassischen« Journalismus: die Tages- und Wochenzeitungen und Magazine sowie Radio und Fernsehen. Lange Zeit trugen sie auch wirklich eine besondere Verantwortung, denn sie verfügten über eine Art faktischer Deutungshoheit. Sie konnten entscheiden, was zur Nachricht wurde und was nicht. Mit der Ausbreitung des Internets geht diese Vormachtstellung immer mehr verloren. Was die einen als Demokratisierung des Meinungsmarkts begrüßen, wird von anderen als Verflachung und Qualitätsverlust des Nachrichtenstandards beschrieben.

Beide Beobachtungen können eine gewisse Richtigkeit für sich beanspruchen. Man wird dabei allerdings den Eindruck nicht los, dass der traditionelle Journalismus dabei oftmals eine unglückliche Figur macht. Nur noch halbherzig setzt er auf seine Stärken: fundierte Recherche, qualifizierte Analyse, hohe Textqualität, und versucht zugleich etwas, das mit anderen Mitteln viel leichter zu erreichen ist: möglichst viele Klicks zu generieren.

Aber selbst die brillanteste politische Analyse wird niemals die gleiche reflexhafte Aufmerksamkeit auf sich ziehen wie Sex und süße Kätzchen. Hinzu kommt, dass dem professionellen Journalismus seit geraumer Zeit ein Imageproblem anhaftet. Es geht mit der Behauptung einher, die »Mainstreammedien« seien nur darauf aus, das »Establishment«, dem sie selbst angehörten, an der Macht zu halten. Diese massive Kritik wurde in den letzten Jahren zu einem der Hauptargumente des Populismus weltweit.

Ein Argument, das sich weitgehend durch ständige Wiederholung selbst hervorbringt und dem deshalb schwer beizukommen ist. Es ähnelt darin einer anderen Behauptung, die immer wieder aufgestellt wird: Es gäbe eine Art geheimer Zensur in Deutschland. Der einschlägige Satz des Artikels 5 ist bekannt und wird, gern in mahnender Absicht, zitiert: »Eine Zensur findet nicht statt.«

Dies steht da ohne Einschränkungen. Aber stimmt es denn? Im allgemeinen Sprachgebrauch bedeutet Zensur einfach jede Form des Publikationsverbots. Die Juristen legen den Begriff sehr viel enger aus und meinen damit ausschließlich die sogenannte Vorzensur. »Eine Zensur findet nicht statt« bedeutet lediglich, dass es keine Zensurbehörde geben darf, die ihre Erlaubnis erteilen muss, bevor etwas publiziert werden kann.

Eine Zensurbehörde für bereits Veröffentlichtes gibt es auch nicht, und insofern gibt es keine Nachzensur in Deutschland. Wohl gibt es aber die Schranken der Meinungsfreiheit, wie sie sich aus den allgemeinen Gesetzen, insbesondere den Strafgesetzen ergeben, dem Jugendschutz und dem Persönlichkeitsrecht.

Diese Schutzvorschriften würden ins Leere gehen, wenn der Staat sich auch nach der Publikation einer

Schrift jedes Eingriffsrecht versagen würde. Die Bundesprüfstelle für jugendgefährdende Medien ist das, was in Deutschland einer Zensurbehörde am nächsten kommt. Die Indizierung von Medien, die als jugendgefährdend eingeschätzt werden, kommt in wirtschaftlicher Hinsicht einem Verbot gleich, weil sie nicht mehr beworben werden dürfen.

Das macht sie auch für Erwachsene de facto kaum noch zugänglich. Eine Bevormundung, wie sie kaum zum freiheitlichen und eigenverantwortlichen Menschenbild des Grundgesetzes passt – insbesondere wenn es um Kunst geht, die durch die Kunstfreiheit, ebenfalls in Artikel 5, geschützt ist. Immer wieder kommt es gerade im Zusammenhang mit bildender Kunst und Literatur zu aufsehenerregenden Verbotsprozessen. Und das, obwohl doch Kunst- und Wissenschaftsfreiheit nicht den Einschränkungen der Meinungsfreiheit unterliegen.

Ihre Grenzen finden sie ähnlich der allgemeinen Handlungsfreiheit allein in den Grundrechten anderer und in den Gesetzen, die diese schützen. Das müsste doch eigentlich bedeuten, dass zum Beispiel im Hinblick auf den Jugendschutz für ein literarisches Kunstwerk, einen Roman, andere Grundsätze gelten als für ein jugendgefährdendes journalistisches Werk. Der journalistische Text kann nur die Meinungs- und Pressefreiheit für sich in Anspruch nehmen, welche zum Beispiel ausdrücklich durch die Gesetze zum Persönlichkeitsrechtsschutz beschränkt ist. Für den Roman hingegen gilt die Kunstfreiheit zunächst schrankenlos.

Statt eines Glaubensbekenntnisses stellt das Grundgesetz auch an dieser Stelle fundamentale Fragen in den Raum. Unsere Aufgabe ist es, um die richtigen Antworten zu streiten. Im Fall der Kunstfreiheit lauten diese fundamentalen Fragen: Was ist Kunst? Und: Was darf Kunst?

Jeder von uns beantwortet diese Fragen für sich selbst sehr unterschiedlich, und was der einen gefällt, ist dem anderen ein Graus. Wie soll man da objektive Kriterien festlegen? Und ist die Sache der Kunst nicht schon von vornherein verloren, wenn man Richter über sie entscheiden lassen muss?

Gilt der vor allem von Künstlern gern zitierte Ausspruch »Alles ist Kunst«, oder kommt Kunst immer noch von Können, wie empörte Ausstellungsbesucher manchmal feststellen?

Es leuchtet wohl ein, dass die Freiheit der Kunst nur geschützt werden kann, wenn wir uns darüber einig werden, was denn Kunst ist und was nicht. Am Ende lässt sich das immer nur im Einzelfall feststellen. Das Bundesverfassungsgericht hat in seinem sogenannten Mephisto-Beschluss zum Verbot von Klaus Manns »Mephisto. Roman einer Karriere« aber immerhin eine Definition versucht, die bei der Entscheidung weiterhilft: »Das Wesentliche der künstlerischen Betätigung ist die freie schöpferische Gestaltung, in der Eindrücke, Erfahrungen, Erlebnisse des Künstlers durch das Medium einer bestimmten Formensprache zu unmittelbarer Anschauung gebracht werden.«

Die Definition in ihrem vollen Wortlaut ist noch um einiges länger, aber dieser Ausschnitt macht schon deutlich, worauf sie abzielt: Sobald sich ein gestalterischer Ausdruckswille in welcher Form auch immer manifestiert, kommt zumindest ernsthaft in Betracht, dass es sich um Kunst handelt.

Es muss sich im Übrigen keineswegs um ein gelungenes Werk handeln, auch schlechte Kunst wird von der Kunstfreiheit geschützt. Das muss schon allein deshalb so sein, weil Urteile über Kunstwerke oft einem starken Wandel unterliegen. Was Kunst *ist,* wird man also eher weit auslegen. Doch wie verhält es sich mit der Frage, was Kunst *darf?*

Wenn sich der gestalterische Ausdruckswille zum Beispiel in der Form übelster Beschimpfungen eines anderen manifestiert, liegt dann eine strafrechtlich relevante Beleidigung vor, oder kann sich der Beleidiger auf die Kunstfreiheit berufen?

Das Grundgesetz gewährt die Freiheit der Kunst nur soweit Grundrechte anderer in hinnehmbarer Weise betroffen sind. Aber sie fallen ihr nicht zum Opfer. Das starke und scheinbar unbeschränkte Statement des Grundgesetzes: »Kunst und Wissenschaft, Forschung und Lehre sind frei«, hatte und hat, wie so viele Grundrechte, vor allem Beschränkungen und Repressionen des Staates vor Augen und wollte keineswegs einen Freibrief geben, die bürgerliche Ordnung zu ignorieren. Die künstlerischen Zumutungen des Neuen, Unerhörten, Noch-nie-Dagewesenen wollte und will das Grundgesetz den ordnungsliebenden Bürgern jedoch keineswegs ersparen und schützt sie mit allem, was es hat.

Was für die Kunst gilt, gilt auch für Wissenschaft und Lehre. Mit »Lehre« ist nicht ausschließlich, aber vor allem die wissenschaftliche Lehre an den Hochschulen gemeint. Der letzte Satz des Artikels 5 Grundgesetz lautet: »Die Freiheit der Lehre entbindet nicht von der Treue zur Verfassung.« Eigentlich wiederholt er nur etwas, das auch für Kunst und Wissenschaft gilt: Wer sie als Vorwand benutzt, um die verfassungsmäßige Ordnung anzugreifen, kann sich nicht auf ihren von eben dieser Verfassung gewährten Schutz berufen.

»Die Familie ist die Keimzelle.« – Schutz von Ehe und Familie sowie nicht ehelichen Kindern

»Das Wort Familienbande hat einen Beigeschmack von Wahrheit«, befand der österreichische Satiriker Karl Kraus. Viele, ganz unterschiedliche Deuter der bürgerlichen Gesellschaft waren und sind sich sicher, dass Ehe und Familie nichts Gutes sind. Sigmund Freud machte frühkindliche familiäre Konflikte für die Entwicklung von Neurosen verantwortlich.

Wilhelm Reich sah in der bürgerlichen Kleinfamilie die Keimzelle des autoritären Staates, die Kommunarden von 1968 sogar schlichtweg des Faschismus. Friedrich Engels beschrieb die monogame Familie als die aus dem Privateigentum hervorgegangene Keimzelle des Patriarchats mit all seinen Unterdrückungsmechanismen, und der französische Philosoph und Schriftsteller Jean-Paul Sartre stöhnte in einem Brief an seine Lebensgefährtin Simone de Beauvoir: »Eine Familie ist ein Scheißhaufen.« Diese wiederum schrieb, die Ehe sei »ein Rest überlebter Sitten«.

Das Grundgesetz hat eine sehr viel höhere Meinung sowohl von der Ehe als auch von der Familie und sieht darin tatsächlich eine Art gesellschaftliche Kerneinheit.

Die weitaus meisten von uns erleben ihre ersten menschlichen Beziehungen in ihrer Familie, die ihnen Unterhalt und Schutz gewährt. Es liegt also nahe, dass das Grundgesetz in Artikel 6 Absatz 1 Ehe und Familie unter den besonderen Schutz des Staates stellt.

Um klarzustellen, dass »besonderer Schutz« kein beschönigender Ausdruck für »besondere Kontrolle« sein soll, bestimmen die Absätze 2 und 3, dass die Kindererziehung zuallererst das Recht, aber auch die Verantwortung der Eltern darstellt und der Staat nur eingreifen darf, wenn die Eltern versagen oder die Kinder zu verwahrlosen drohen.

Bevor jedoch über die rechtlichen und sozialen Wirkungen von »Ehe und Familie« gesprochen werden kann, muss erst einmal geklärt werden, was unter diesen Begriffen heute zu verstehen ist. Als das Grundgesetz in Kraft trat, schien die Sache klar. Es herrschten uneingeschränkt patriarchalische Strukturen. Der Vater war Familienvorstand und Ernährer, seine Ehefrau treu sorgende Hausfrau und Mutter. Die Erziehung der Kinder folgte diesen traditionellen Rollenbildern. Kinderlosigkeit galt als Makel. Ehescheidung war möglich; wer einen Scheidungsgrund zu vertreten hatte, musste aber die Stigmatisierung als »schuldig« hinnehmen.

Homosexualität galt als strafbare Entwicklungsstörung und konnte bei Männern in »erschwerten Fällen« mit bis zu zehn Jahren Zuchthaus geahndet werden. Die entsprechenden Strafvorschriften der Nationalsozialisten waren unverändert beibehalten worden. Die Vorstellung, homosexuelle Paare könnten eine Lebenspartnerschaft mit eheähnlichen Rechtsfolgen eingehen oder gar heiraten, wäre 1949 selbst dem entschiedensten Verfechter einer neuen, freiheitlichen Ordnung aberwitzig erschienen. Wären 1949 zwei Männer zum Standesamt gegangen, um das Aufgebot zu bestellen, wären sie sofort verhaftet und wohl auch auf ihren Geisteszustand untersucht worden.

Fast siebzig Jahre später gilt der Wortlaut des Artikels 6 Grundgesetz unverändert, und man ist geneigt zu sagen, die gesellschaftliche Realität heute sei eine vollkommen andere. Ist das wirklich so? In mancher Hinsicht bestimmt.

Homosexualität ist nicht mehr strafbar, und es wurde das eheähnliche Rechtsinstitut der gleichgeschlechtlichen Lebenspartnerschaft geschaffen. Die Rollenbilder der herkömmlichen Ehe sind weniger verpflichtend, wenngleich sie in weiten Teilen der Gesellschaft noch immer so praktiziert werden.

Lange Zeit hat das Bundesverfassungsgericht diesen Entwicklungen den weitest möglichen Rahmen gegeben, indem es die sogenannte Institutsgarantie der Ehe auf wenige, allerdings unabdingbare Merkmale beschränkte. Danach musste eine Ehe freiwillig, auf unbestimmte Dauer und zwischen Mann und Frau geschlossen und staatlich anerkannt werden.

Noch in Verfassungsrechtslehrbüchern und Kommentaren aus dem Jahr 2016 kann man deshalb lesen, diese Institutsgarantie verbiete es dem Gesetzgeber, etwa Vielehen, zeitlich befristete oder eben gleichgeschlechtliche Ehen zu erlauben. Im Oktober 2017 hat nun aber der Bundestag die »Ehe für alle« beschlossen, die auch gleichgeschlechtlichen Partnern die Eheschließung gestattet. Der Weg dorthin führte über das Steuerrecht, nachdem das Bundesverfassungsgericht feststellte, eine steuerliche Ungleichbehandlung von gleichgeschlechtlichen Lebenspartnerschaften gegenüber Ehen verstoße gegen den Gleichheitssatz des Artikels 3 Grundgesetz.

Die Institutsgarantie der Ehe wird sich also vermutlich künftig nicht mehr auf das unterschiedliche Geschlecht der Ehegatten erstrecken, und das Bundesverfassungsgericht wird dies damit begründen, dass sich die gesellschaftlichen Anschauungen hierüber in den vergangenen Jahrzehnten grundlegend geändert haben.

Das wäre nicht zum ersten Mal so. In den Siebzigerjahren wurde im Scheidungsrecht das Schuldprinzip vom Zerrüttungsprinzip abgelöst. Künftig wurde nicht mehr danach gefragt, welcher der Ehegatten das Scheitern der Ehe zu vertreten hatte. Von einem konservativen Standpunkt aus konnte man dies für einen Verstoß gegen die Institutsgarantie halten, weil es die besondere Bedeutung des Eheversprechens verkenne. Die Scheidung würde zu leicht gemacht und damit dem Prinzip des Lebensbundes, der die Ehe sein sollte, nicht mehr Rechnung getragen. Ein Argument, dem heute nur noch die wenigsten etwas abgewinnen können.

Das Bedürfnis, sein Leben selbstbestimmt zu führen und eine gescheiterte Ehe beenden zu dürfen, ohne dabei die Schuldfrage klären zu müssen, entspricht unserer Lebenswirklichkeit viel mehr. Es spricht viel dafür, dass die Einwände gegen die gleichgeschlechtliche Ehe einmal ähnlich antiquiert erscheinen werden wie heute die Bejahung des Schuldprinzips.

Ein weiteres Merkmal der Institutsgarantie ist jenes der staatlichen Mitwirkung bei der Eheschließung. Wer in Deutschland heiratet, tut dies vor dem Standesamt. Aber auch von Ausländern im Ausland geschlossene Ehen können in Deutschland Gültigkeit haben. Werden sie in Deutschland geschieden, ist das Recht des Landes anzuwenden, in dem sie geschlossen wurden. Wird ein irakisches Paar nach irakischem Recht geschieden, steht in Hetzartikeln zu lesen, die Scharia habe Einzug in deutschen Gerichtssälen gehalten. Dabei erliegen nicht etwa idealistische Richterinnen und Richter dem süßen Gift der islamischen Infiltration. Vielmehr wenden sie lediglich die Regeln des in Deutschland geltenden Internationalen Privatrechts an, das rechtlichen Besonderheiten der Herkunftsländer Rechnung trägt, soweit sie mit unserer Rechtsordnung vereinbar sind.

Es handelt sich dabei um eine in internationalen Verträgen erzielte kulturelle Errungenschaft, nicht um einen Kulturverlust.

Weniger umstritten als der Begriff der Ehe ist jener der Familie. Schon seit Langem gilt, dass auch Kinder, die nur mit einem Elternteil zusammenleben, eine Familie bilden. Die Juristen erfanden dafür den schrecklichen Begriff der »Restfamilie«, der schon gleich klarmacht, wie demgegenüber eine richtige Familie auszusehen hat. Auch hier haben sich längst weitaus freiere Vorstellungen durchgesetzt.

Niemand wird heute bezweifeln, dass gerade Familien mit nur einem Elternteil den besonderen Schutz benötigen, den Artikel 6 Grundgesetz ihnen in Aussicht stellt.

Dieser besondere Schutz äußert sich vor allem in finanzieller Privilegierung und Förderung. Steuer- und Rentenbegünstigungen, Kindergeld beziehungsweise Kinderfreibetrag, die staatliche Einrichtung und Unterstützung von Kinderbetreuung gehören hierher. »Besonderer Schutz« bedeutet aber auch, dass den Staat grundsätzlich das Ehe- und Familienleben seiner Bürger nichts angeht. Er hat deren Privatsphäre zu achten, die sie eigenständig und selbstverantwortlich gestalten.

Zugleich bestimmt er aber auch, dass Eltern sich vor allem um eines zu kümmern haben: die Pflege und die Erziehung ihrer Kinder. Der Staat behält sich dabei allerdings vor, mitzureden und einzugreifen. Für die Rolle des Staates, die er sich hierfür zuschreibt, hat sich der Begriff »Wächteramt« gebildet. Der Staat sieht zu, doch greift nicht ein, solange das Kindeswohl gewahrt ist. Das gemeinsame Sorgerecht der Eltern muss sich stets daran orientieren.

Nun kann es sehr unterschiedliche Vorstellungen darüber geben, was dem Wohl eines Kindes förderlich ist. Lange, bevor die Schulpflicht eintritt, haben Eltern eine Menge Erziehungsfragen zu beantworten. Die Frage, was dem Kindeswohl zuträglich ist, stellt sich schon bei der Geburtsvorbereitung, der Wahl der Geburtsmethode, der Rolle des Vaters dabei, und sofort nach der Geburt, wenn es zu entscheiden gilt, wie das Kind gebettet, ob und wie lange es gestillt werden soll. Ab wann soll das Kind mit welchem Spielzeug in Berührung kommen, ab wann will man es in wessen Obhut geben, wie viel ärztliche und therapeutische Vorsorge und Betreuung ist notwendig. Und: Konventionelle oder alternative Medizin? Religiöse Unterweisung ja oder nein, und falls ja, ab wann und wie? Umgang mit anderen Kindern ja, aber mit welchen und wie intensiv?

Über all diese Fragen machen sich Eltern Gedanken – oder auch nicht. Der Staat stellt Angebote zur Aufklärung und Information zur Verfügung, gibt hie und da Empfehlungen. Die Eltern können sie zur Kenntnis nehmen – oder nicht. In gewachsenen und traditionsgebundenen Gemeinschaften waren die weitaus meisten Antworten auf diese Fragen bereits gegeben. Wie viel Raum man ihnen heute schenkt, bleibt jedem selbst überlassen. Manche Eltern plädieren für eine Art Elternführerschein, andere lassen den Dingen ihren Lauf. Der Staat zieht die Grenzen des Rechts auf freie Gestaltung der Sorge für das Kind erst dort, wo sich die Eltern ihrer Verantwortung entziehen und eine Vernachlässigung des Kindes droht.

Wenn die Erziehungsberechtigten versagen oder aus anderen Gründen die Verwahrlosung droht, muss der

Staat eingreifen. In der Regel geschieht das durch das Jugendamt und, wenn nötig, durch die Polizei. Die Trennung von Eltern und Kind ist jedoch das letzte Mittel. Erst wenn die Sorgeberechtigten ihrer Erziehungsverpflichtung auf Dauer nicht nachkommen können oder wollen, darf dies geschehen. Wer sich je näher mit diesen Themen in der Praxis beschäftigt hat, weiß, dass es nur wenige gestrichelte Linien sind, die das Grundgesetz hier vorgibt. Das tagtägliche Elend, das Entscheidungen wie diesen vorausgeht, ereignet sich fernab von Begriffen wie »Pflege«, »Erziehung«, »Fürsorge«, »freie Entwicklung und Entfaltung der Persönlichkeit«.

Nicht selten wird beklagt, dass der Staat in solchen Fällen erst spät, vielleicht zu spät eingreift. Man kann dies durchaus als die dunkle Kehrseite einer Freiheit begreifen, die manchen Eltern zu viel an Verantwortung aufbürdet, der sie, aus welchen Gründen auch immer, nicht gerecht werden können. Die Alternative wäre jedoch noch weniger wünschenswert: ein Staat, der sich das Recht anmaßt, seine minderjährigen Bürger zu erziehen.

Ohnehin tritt der staatliche Erziehungsauftrag in der Schule ab dem sechsten Lebensjahr neben die Erziehungsverantwortung der Eltern. Das Ziel bei all dem ist die Entwicklung des Kindes, das im Idealfall, der auch der Normalfall ist, zu einer eigenständigen Persönlichkeit heranreift.

Mit der Volljährigkeit erlöschen alle Erziehungsrechte.

Das wird manchen Eltern erst schmerzlich bewusst, wenn sich ihre dann erwachsenen Kinder noch in der Ausbildung befinden, aber weiter Unterhalt beanspruchen dürfen, ohne sich länger gut gemeinte Ratschläge ihrer ehemals Erziehungsberechtigten anhören zu müssen.

Über diese Regelungen hinaus versucht Artikel 6 Grundgesetz der Sonderrolle der Mütter gerecht zu werden. Sie haben Anspruch auf den Schutz und die Fürsorge der Gemeinschaft.

Dies ist zum einen eine Schutzvorschrift. So unterliegen zum Beispiel Eheverträge einer besonderen Inhaltskontrolle bei Regelungen, die zum Nachteil einer Mutter getroffen werden, selbst wenn dies mit ihrem Einverständnis geschehen ist.

Zum anderen formuliert das Grundgesetz hier einen direkten Anspruch der Mütter gegen den Staat. Konkret ausgestaltet ist dies vor allem im Mutterschutzgesetz.

Der sogenannte Mutterschaftsurlaub ist eigentlich ein absolutes Beschäftigungsverbot für den Arbeitgeber. Verstöße hiergegen werden strafrechtlich geahndet. Die Kündigung des Arbeitsverhältnisses ist während dieser Zeit bis auf wenige Fälle ausgeschlossen, und es bestehen Ansprüche auf Weiterzahlung des Gehalts, auf Mutterschaftsgeld und später auf Elterngeld. Man wird nicht abstreiten können, dass Mütter von der Gemeinschaft tatsächlich besonderen Schutz erhalten.

Den Nachteil, den es auf dem Arbeitsmarkt bedeutet, eine Mutter zu sein oder auch nur werden zu können, gleicht er jedoch nicht aus.

Der letzte Absatz des Artikels 6 Grundgesetz betrifft die Gleichstellung von nicht ehelichen Kindern. Der seit 1949 unveränderte Wortlaut der Vorschrift spricht von »unehelichen« Kindern. Die Korrektur des Verfassungstextes hielt man für entbehrlich, aber schon 1979 entschloss man sich in allen einfachen Gesetzen (also solchen ohne Verfassungsrang) zu diesem Thema stattdessen die Bezeichnung »nicht ehelich« zu verwenden.

Ein frühes und schönes Beispiel dafür, dass man auf einen Sprachgebrauch verzichtet, der zwar nicht diskriminierend gemeint war, aber später so empfunden wurde. Während das Wort »unehelich« gerade den vermeintlichen Makel hervorhebt, den die Vorschrift beheben will, ist »nicht ehelich« eine wertungsneutrale Bezeichnung. Offensichtlich gab es das Bedürfnis, ungewollt abwertende Begriffe vermeiden zu wollen, schon, als man dafür noch nicht als »politisch korrekt« beschimpft werden konnte, weil es diesen Ausdruck noch gar nicht gab.

Den nicht ehelichen Kindern müssen die gleichen Bedingungen für ihre Entwicklung und ihre Stellung in der Gesellschaft geschaffen werden wie den ehelichen, so verlangt es Artikel 6 Absatz 5 des Grundgesetzes.

Als die Vorschrift erlassen wurde, wurde es weder praktiziert, noch war es akzeptiert, dass unverheiratete Paare mit ihren Kindern als Familie zusammenlebten. Ein nicht eheliches Kind bedeutete in aller Regel: eine sitzen gelassene, alleinerziehende Mutter mit einem Kind, welches sein Stigma von klein auf mit sich herumtrug.

In gewisser Hinsicht hat sich daran bis heute nicht viel geändert. Für die Nichtehelichkeit interessiert man sich unterdessen zwar nicht mehr so sehr, aber es ist immer noch so, dass alleinerziehende Mütter mit ihren Kindern ökonomisch und damit gesellschaftlich am Rand stehen, wenn sie nicht zufällig reich sind. Insofern hat die Verpflichtung des Staates, sich speziell um diese Kinder zu kümmern, keineswegs an Relevanz verloren.

»Alle öffentlichen Schulen sind auf die mittelmäßigen Naturen eingerichtet.« – Schulwesen

Artikel 7 des Grundgesetzes wirkt auf den ersten Blick nicht sonderlich bedeutsam. Was er regelt, scheint allzu selbstverständlich, um Aufsehen zu erregen. Und doch beginnt er mit einem vom Staat gesprochenen Machtwort: »Das gesamte Schulwesen steht unter der Aufsicht des Staates.« Um zu verstehen, an wen es sich richtet, hilft es, sich frühere Verfassungen zum Thema »Schule« anzusehen.

In der ersten deutschen Verfassung, der Paulskirchenverfassung von 1849, lautete § 153: »Das Unterrichts- und Erziehungswesen steht unter der Oberaufsicht des Staats und ist, abgesehen vom Religionsunterricht, der Beaufsichtigung der Geistlichkeit als solcher enthoben.«

Der letzte Halbsatz macht deutlich, wem gegenüber sich der Staat mit dieser Regelung vor allem durchsetzen wollte. Bildung, Unterricht, Erziehung waren traditionelle Domänen der Kirchen. Wer einen säkularen Staat haben wollte, musste sicherstellen, dass auch das Schulwesen weltlich organisiert wurde. In der Weimarer Reichsverfassung von 1919 dann wird die Abgrenzung gegenüber den Kirchen schon nicht mehr eigens betont. Dafür werden sehr detailliert Zuständigkeiten, Aufbau und Inhalte des gesamten Schulapparats beschrieben.

Artikel 7 des Grundgesetzes übernimmt im Wesentlichen diese Regelungen, ist jedoch kürzer gefasst. Das Schulwesen fällt unter die Kulturhoheit der Bundesländer, die seine Ausgestaltung und Verwaltung weitgehend selbst bestimmen. Die wichtigsten Grundsätze, nach denen dies geschieht, finden sich im Grundgesetz.

Die staatliche Aufsicht über das Schulwesen enthält nicht nur ein Kontrollrecht, sondern auch ein eigenständiges Erziehungsrecht des Staates, das neben jenes der Eltern tritt. Die Abgrenzung zu kirchlichen Bildungsträgern hat demgegenüber vor allem historische Bedeutung. Artikel 7 erklärt jedoch den Religionsunterricht zum ordentlichen Schulfach.

Warum behält sich der Staat ein eigenes Erziehungsrecht neben dem der Eltern vor? Ist das nicht ein gravierender Eingriff in die Freiheitsrechte sowohl der Eltern als auch ihrer Kinder? Heute mehr denn je empfinden manche Eltern das staatliche Erziehungsrecht als unzulässige Einmischung in ihre privaten Angelegenheiten.

Vermutlich haben nicht alle dabei den in der Überschrift zitierten Satz von Friedrich Nietzsche im Sinn. Aber die Vorstellung, dass öffentliche Schulen nicht die bestmögliche Ausbildung bereithalten, ist ein beliebtes Vorurteil gerade bei denjenigen, welche die Erziehung ihrer Kinder mit besonderem Ehrgeiz betreiben.

Artikel 7 hingegen spricht sich ganz ausdrücklich gegen eine »Sonderung der Schüler nach den Besitzverhältnissen ihrer Eltern« aus. Die Absicht dahinter ist nicht, wie manche befürchten, »Gleichmacherei« oder, um mit Nietzsche zu sprechen, eine besondere Vorliebe für die »mittelmäßigen Naturen«, sondern die Idee, dass ein möglichst hoher, allgemeiner Bildungsstand garantiert sein soll.

Neben der Wissensvermittlung zielt das staatliche Erziehungsrecht laut Bundesverfassungsgericht auch auf

Aufklärung über totalitäre und menschenverachtende Ideologien. Eine gesellschaftliche Ordnung kann nur stabil sein, wenn ihren Mitgliedern deren demokratische Grundlagen erklärt und vermittelt werden. Staatsbürgerliche Kompetenz kann jedoch nicht verordnet werden. Das Grundgesetz vertraut vielmehr auf die Kraft der freien Auseinandersetzung. Aber auch eine freie Auseinandersetzung folgt Regeln, die erlernt werden können und müssen. Viele davon ergeben sich aus den Grundrechten.

Das staatliche Erziehungsrecht ist es auch, das die allgemeine Schulpflicht rechtfertigt und damit nicht nur die Unterrichtung, sondern ebenso den Schulbesuch zwingend vorschreibt. »Homeschooling«, also Unterricht zu Hause, ist in Deutschland deshalb grundsätzlich nicht möglich.

Gerade Eltern, deren Auffassungen von den herrschenden weltanschaulichen, kulturellen, religiösen und politischen Ansichten abweichen, haben das Bedürfnis, ihre Kinder vor Anschauungen zu bewahren, die sie für falsch halten. Dem gegenüber steht das Interesse des Staates, das Entstehen von Parallelgesellschaften zu verhindern, welche die grundlegenden Prinzipien unserer Verfassung nicht kennen oder gar aktiv ablehnen. Einerseits muss den Eltern zugestanden werden, dass sie einen Erziehungsplan für ihre Kinder haben, andererseits muss gewährleistet sein, dass diese eine zutreffende Vorstellung von den Regeln der Gesellschaft entwickeln, in der sie leben.

Die Aufgabe des Staates ist es, einen angemessenen Ausgleich in diesem Spannungsverhältnis herzustellen. Dabei sind nicht nur die Interessen von Eltern und Staat zu berücksichtigen, sondern vor allem die (Grund-) Rechte der Kinder, insbesondere ihr Recht auf freie Entfaltung der Persönlichkeit, ihr Recht, nicht diskriminiert zu werden, und ihr Recht, sich in religiösen Fragen selbst zu entscheiden. Das Gesetz über religiöse Kindererziehung bestimmt, dass Kinder ab zehn Jahren bei einem Bekenntniswechsel anzuhören sind. Ab zwölf darf er nicht mehr gegen ihren Willen geschehen, und ab vierzehn sind sie uneingeschränkt religionsmündig, dürfen also selbst entscheiden, ob sie einem Bekenntnis angehören wollen und falls ja, welchem.

Das in Artikel 7 Absatz 2 des Grundgesetzes festgelegte Recht der Erziehungsberechtigten, über die Teilnahme ihrer Kinder am Religionsunterricht zu entscheiden, reicht also nur bis zu diesen Altersgrenzen.

Artikel 7 Absatz 3 Grundgesetz bestimmt, dass der Religionsunterricht an den öffentlichen Schulen mit Ausnahme der bekenntnisfreien Schulen ordentliches Lehrfach ist. »Ordentlich« bedeutet: nicht nur Wahl- oder Ergänzungsfach, sondern prüfungsrelevantes Pflichtfach.

Was ist Gegenstand des Religionsunterrichts? Nicht: allgemeine Lebenskunde, Ethikunterricht, Religionsgeschichte, Religionskunde ... All das kann zwar auch unterrichtet werden, aber der Kern muss ein anderer sein. Religionsunterricht sei »in konfessioneller Positivität und Gebundenheit« zu erteilen, wie es das Bundesverwaltungsgericht formuliert hat. Dies ist ein aus der Historie hervorgegangenes Zugeständnis an die Kirchen: Die Bildungshoheit wurde ihnen entzogen, doch der Religion bleibt ein fester Platz im Lehrplan garantiert. Daraus folgt aber auch, dass der Religionsunterricht den besonderen grundgesetzlichen Schutz nur genießt, wenn er religiöse Inhalte vermittelt.

Artikel 7 Absatz 3 führt weiter aus, der Religionsunterricht werde »in Übereinstimmung mit den Grundsätzen der Religionsgemeinschaften« erteilt. Obwohl es, wegen der staatlichen Neutralitätspflicht, an keiner Stelle ausdrücklich gesagt wird, ist klar, dass der Verfassungsgesetzgeber hier vor allem die beiden großen christlichen Kirchen vor Augen hatte. Man sieht in dieser Vorschrift die sogenannte »institutionelle Garantie« des Religionsunterrichts für Religionsgemeinschaften.

Bei etwa viereinhalb Millionen Muslimen in Deutschland ist die Frage, ob nicht auch sie eine solche Religionsgemeinschaft darstellen. Dies wird jedoch aus faktischen Gründen verneint, weil es keine den christlichen Kirchen vergleichbare, muslimische Organisation gibt, die als einheitliche Vertreterin der Muslime die Grundsätze der Religionsgemeinschaft verbindlich festlegen könnte.

Wer diesen Umstand mit einem Aufatmen begrüßt, schließt zu kurz. Islamunterricht als ordentlicher Religionsunterricht an deutschen Schulen würde nicht den Untergang des Abendlands bedeuten. Er würde in deutscher Sprache gehalten werden und böte die Möglichkeit, Unterrichtsinhalte zu überprüfen und abzustimmen sowie zutreffende Vorstellungen über das Verhältnis von Religion, Gesellschaft und Staat zu vermitteln. Aus ebendiesen Gründen organisieren die Bundesländer Islamunterricht an deutschen Schulen, bisher allerdings mit bescheidenem Erfolg.

Ins Zentrum der Diskussion ist das Thema des Islam an deutschen Schulen aber durch eine sehr viel symbolträchtigere Diskussion geraten: diejenige um das Kopftuch als Ausdruck muslimischer Glaubensüberzeugung. Ob zum Beispiel Lehrerinnen es im Unterricht tragen dürfen, dazu gibt es viele Meinungen sowie Regelungen und Gerichtsentscheidungen, denen keine eindeutige Tendenz zu entnehmen ist. Ist das muslimische Kopftuch an deutschen Schulen nun erlaubt oder verboten?

Es gibt auf diese Frage keine pauschale Antwort, und es kann sie auch nicht geben. Das liegt jedoch keineswegs, wie von manchen vermutet wird, an einer christlich-abendländischen Ichschwäche unseres Rechtssystems. Es liegt daran, dass in diesem Rechtssystem Entscheidungen differenzierter getroffen werden. Ein allgemeines Gesetz, welches das Tragen von Kopftüchern pauschal verbietet, wäre eine unzulässige Einschränkung der Religionsfreiheit. Das heißt jedoch nicht, dass im Einzelfall ein solches Verbot nicht doch ausgesprochen werden kann, nämlich dann, wenn das Kopftuch etwa Zweifel an der Verfassungstreue einer Amtsträgerin nähren könnte. Solche Zweifel allerdings allein aus der muslimischen Religionszugehörigkeit abzuleiten wäre diskriminierend. Ein derartiger Generalverdacht liefe darauf hinaus, von Muslimen eine Art Gesinnungsbekenntnis zu verlangen, das von Angehörigen anderer Religionen nicht verlangt wird. Es wäre eine eklatante Ungleichbehandlung.

Artikel 7 Absatz 3 Satz 3 des Grundgesetzes besagt, dass kein Lehrer gezwungen werden darf, Religionsunterricht zu erteilen. Eigentlich eine Selbstverständlichkeit, denn dies wäre eine Verletzung seines allgemeinen Persönlichkeitsrechts, seiner allgemeinen Handlungsfreiheit, vor allem aber seiner Religionsfreiheit, die auch die Entscheidung umfasst, nicht zur Verbreitung eines Bekenntnisses beitragen zu wollen.

Artikel 7 Absatz 4 des Grundgesetzes erlaubt die Errichtung von Privatschulen, allerdings unter dem Vorbehalt staatlicher Genehmigung. Es muss gewährleistet sein, dass die Wissensvermittlung nicht schlechter ist als auf öffentlichen Schulen. Weiterhin darf die Privatschule keine »Sonderung der Schüler nach den Besitzverhältnissen der Eltern« betreiben.

In gewählten Worten bringt hier das Grundgesetz das bekannteste Ressentiment gegen Privatschulen überhaupt zum Ausdruck. Demnach sind Privatschulen Institutionen, in denen die Reichen ihrem Nachwuchs ausgezeichnete Abschlüsse verschaffen für Leistungen, mit denen sie an öffentlichen Schulen nicht besonders positiv aufgefallen wären. Ein demokratisches Schulwesen muss vor allem anstreben, dass alle Kinder, gleich aus welcher sozialen Schicht, prinzipiell Zugang zu allen Bildungseinrichtungen erhalten können. Ebenso verständlich ist das Interesse von Eltern, welche über die nötigen Mittel und Möglichkeiten verfügen, ihre Kinder besonders zu fördern.

Die Regelungen des Grundgesetzes zur Privatschule sind deshalb nicht vordergründig egalitär zu verstehen. Sie streben die Homogenität der Gesellschaft an. Je stärker ausgeprägt das Klassenbewusstsein, so die Überlegung, desto stärker sind die Kräfte, die sich separieren wollen. Es ist jedoch auch klar, dass die »Sonderung nach Besitzverhältnissen« eine gesamtgesellschaftliche Realität ist, die sich in der Schule nicht einfach ausblenden lassen wird.

Die konkreten Antworten darauf, wie ein zeitgemäßes demokratisches Schulwesen auszusehen hat, überlässt das Grundgesetz weitgehend dem einfachen Gesetzgeber auf Bundes- und vor allem Landesebene. Seine größte aktuelle Bedeutung behält Artikel 7 aber vor allem durch die Klarstellung, dass Diskriminierungsverbot und Religionsfreiheit auch in den Schulen in vollem Umfang zu gelten haben.

»Wir sind das Volk!« –
Versammlungsfreiheit

Das Grundrecht der Versammlungsfreiheit heißt umgangssprachlich »Demonstrationsfreiheit« oder »Demonstrationsgrundrecht«.

Anders als die bisher behandelten Grundrechte formuliert das Grundgesetz es nicht als Recht für alle Menschen, sondern allein für »alle Deutschen«. Es ist das erste der von den Juristen etwas grobschlächtig »Deutschenrechte« genannten unter den Grundrechten.

Damit sind Rechte gemeint, die in Deutschland nur Inhabern der deutschen Staatsbürgerschaft zustehen – daher auch als »Bürgerrechte« bezeichnet. Die bisher behandelten Grundrechte (Menschenwürde, allgemeines Persönlichkeitsrecht, Gleichheitsrechte, Meinungsfreiheit) sind Menschenrechte, die jedem zustehen, unabhängig von seiner Nationalität – weshalb sie, nicht minder klobig, auch »Jedermannsrechte« genannt werden.

Warum schützt das Grundrecht des Versammlungs- und Demonstrationsrechts in Deutschland nur Deutsche? Gibt es dafür einen sachlichen Grund? Und: Sollte das Recht, seine Meinung öffentlich und zusammen mit anderen kundzutun, nicht jedem zustehen? In Deutschland leben etwa zehn Millionen Menschen ohne deutschen Pass. Sollten sie sich nicht versammeln dürfen? Einige Deutsche fänden das bestimmt gar nicht so schlecht.

Die Rechtslage ist natürlich anders. Ausländern ist es in Deutschland selbstverständlich erlaubt, sich zu versammeln und auch zu demonstrieren. Dies folgt schon aus dem Menschenrecht der allgemeinen Handlungsfreiheit, und § 1 des Versammlungsgesetzes gestattet es ganz konkret »jedermann«. In der politischen Realität unserer Gegenwart wird man kaum Demonstrationen ausschließlich von Deutschen oder ausschließlich von Ausländern vorfinden, weshalb die Unterscheidung weitgehend leerläuft. Warum aber wendet sich dann Artikel 8 des Grundgesetzes ganz ausdrücklich an die Deutschen?

Für deutsche Staatsbürger ist das Versammlungsrecht in Deutschland mehr als nur das Recht, seine Meinung öffentlich und mit anderen zu äußern. Es ist darüber hinaus ein politisches Mitwirkungsrecht, ein Gestaltungsmittel, das, in Ergänzung zum Wahlrecht, zum Kernbestand demokratischer Meinungsbildung und -kundgebung gehört. Um dieses Recht bestmöglich vor unzulässigen Einschränkungen »von oben« zu schützen, wurde es in der Verfassung zum Grundrecht erklärt.

§ 161 der Frankfurter Reichsverfassung von 1848 (»Paulskirchenverfassung«), der ersten demokratischen Verfassung für ganz Deutschland, gewährt die Versammlungsfreiheit schon beinahe im gleichen Wortlaut wie Artikel 8 des Grundgesetzes:

»Die Deutschen haben das Recht, sich friedlich und ohne Waffen zu versammeln; einer besonderen Erlaubnis dazu bedarf es nicht.

Volksversammlungen unter freiem Himmel können bei dringender Gefahr für die öffentliche Ordnung und Sicherheit verboten werden.«

Ich erinnere mich an eine zeitgenössische Karikatur

der 1848er Revolutionäre. Eine wilde Meute stürmt mit fliegenden Fahnen durch einen Park, achtet aber peinlich genau darauf, den Kiesweg nicht zu verlassen, denn im Rasen steckt ein Schild, auf dem steht: »Betreten verboten«. Einerseits war den Revolutionären von 1848 die überragende Bedeutung des Versammlungsrechts aus ihrer eigenen jüngsten Vergangenheit sehr wohl bewusst. Ein uneingeschränktes Demonstrationsrecht zu gewähren, erschien ihnen dann aber doch zu weitgehend.

Daran hat sich bis heute nichts geändert. Dennoch zeigt die Geschichte der Bundesrepublik, dass die Bevölkerung Demonstrationen stets als wichtiges politisches Ausdrucksmittel verstanden hat.

Diese Geschichte reicht von der Ostermarschbewegung gegen die Wiederbewaffnung in den Fünfzigerjahren, den Studentenprotesten in den Sechzigern, der Antiatomkraft- und der Friedensbewegung in den Siebzigern und Achtzigern über die fremdenfeindlichen Aufmärsche Rechtsradikaler in den Neunzigern bis zu den »Pegida-Spaziergängen« der jüngeren Vergangenheit.

Wer sich friedlich und ohne Waffen versammeln will, muss dies weder anmelden, noch braucht er dafür eine Erlaubnis. Aber ist es nicht allgemein üblich, dass Demonstrationen angemeldet werden? Artikel 8 Absatz 1 des Grundgesetzes spricht uneingeschränkt von Versammlungen. In Artikel 8 Absatz 2 ist dann die Rede von »Versammlungen unter freiem Himmel«.

Das erlaubt den Umkehrschluss, dass in Artikel 8 Absatz 1 nur Versammlungen in geschlossenen Räumen gemeint sind. Nur diese müssen nicht angezeigt werden, deshalb ist natürlich auch immer wieder umstritten, was »unter freiem Himmel« bedeutet.

Doch der Reihe nach: Schon der Begriff der Versammlung kann Fragen aufwerfen. Können sich politische Aktivisten, die sich in einem Chatroom im Internet zusammenfinden, auf das Demonstrationsrecht berufen? Kann es der Mann, der sich mit einem Protestsandwich an die Straßenecke stellt? Die einhellige Meinung lautet in beiden Fällen: Nein. (Das bedeutet allerdings nicht, dass das jeweilige Verhalten nicht durch ein anderes Grundrecht geschützt sein kann, zum Beispiel das der Meinungsfreiheit.)

Für eine Versammlung, wie sie hier gemeint ist, braucht es mindestens zwei Personen, die körperlich am gleichen Ort anwesend sind. Aber nicht jede Ansammlung von zwei oder mehr Leuten, etwa in einer Gaststätte oder einem Biergarten, ist eine Versammlung. Das kann bedeutsam sein, wenn zum Beispiel die Polizei eine solche Ansammlung auflösen will und sich Anwesende auf ihr Versammlungsgrundrecht berufen. Um dies zu können, muss sich die Versammlung auf einen bestimmten Zweck richten.

Mit der Frage, ob als Zweck ausreicht, ausgelassen feiern zu wollen, musste sich schon das Bundesverfassungsgericht beschäftigen. Die Veranstalter der Loveparade wollten das Massenspektakel als politische Demonstration verstanden wissen. Kritiker wandten demgegenüber ein, die Loveparade nutze den Schutz des Demonstrationsrechts für kommerzielle Zwecke. Während der Name weltweit vermarktet werde, bezahle die öffentliche Hand für die Durchführung und die polizeiliche Sicherung der Großveranstaltung.

Das Bundesverfassungsgericht zeigte sich bei der Beurteilung des Falles relativ humorlos. Wirtschaftliche Überlegungen spielten dabei keine Rolle. Das Gericht nützte die Gelegenheit, genauer zu bestimmen, welche

Art von Versammlungen durch Artikel 8 geschützt sind, und machte zunächst deutlich, dass dem Versammlungsrecht »wegen seines Bezugs auf den Prozess der öffentlichen Meinungsbildung« seine besondere verfassungsrechtliche Bedeutung zukomme. Der spezifische Schutz des Grundrechts der Versammlungsfreiheit greift erst, wenn die Versammlung das Ziel verfolgt, durch gemeinschaftliche Erörterung und Kundgebung an der öffentlichen Meinungsbildung mitzuwirken. Nur ein gemeinsamer Zweck, zum Beispiel feiern, reicht für eine politische Demonstration nicht aus, auch wenn bei dieser Gelegenheit vielleicht einige der Teilnehmer ein paar politische Statements abgeben.

Wohlgemerkt: Es ging bei der Entscheidung des Bundesverfassungsgerichts nicht um die Frage, ob die Loveparade überhaupt stattfinden dürfe oder nicht. Es ging allein darum, ob sie als politische Demonstration zu betrachten sei. Dabei darf jedoch nicht der Eindruck entstehen, es müssten inhaltlich besondere Hürden genommen werden, bevor von einer Versammlung in diesem Sinn gesprochen werden könne.

Das Bundesverwaltungsgericht hat dazu ein interessantes Urteil gefällt. Es ging dabei um die »Fuck-Parade«, eine Gegenveranstaltung zur Loveparade, die vor allem deren Kommerzialisierung angriff: in Musikauswahl, Sponsoring und Auswahl der Teilnehmer. Außerdem wurden die Schließung eines Klubs und der »Ausverkauf« des Berliner Scheunenviertels thematisiert. Es gab keineswegs ein homogenes politisches Statement, aber dennoch bei einem Teil der Mitwirkenden unverkennbar die Absicht, an der öffentlichen Meinungsbildung mitzuwirken. Solange diese Absicht im Vordergrund steht, so das Bundesverwaltungsgericht, ist auch im Ganzen von einer Versammlung im Sinne des Grundgesetzes auszugehen. Eine hilfreiche, klarstellende Entscheidung, denn die Grenzen enger zu ziehen, liefe auf eine Inhaltskontrolle von Demonstrationszielen und damit auf eine unzulässige Einschränkung des Versammlungsgrundrechts hinaus.

Dass nur Versammlungen Grundrechtsschutz genießen, die »friedlich« sind, versteht sich von selbst. Es bedeutet, dass sich, wer sich zur Begehung von Gewalttaten versammelt oder doch in Kauf nimmt, dass es dazu kommen könnte, von vornherein nicht auf das Grundrecht der Versammlungsfreiheit berufen kann. Es kann schwierig sein, zu bestimmen, ab wann das der Fall ist.

Lautstärke und Vehemenz ohne Bereitschaft zu physischer Gewaltanwendung sind aber in jedem Fall von der Demonstrationsfreiheit umfasst. Einzelne Gewalttäter haben es nicht in der Hand, ganze Versammlungen »unfriedlich« machen zu können. Ihr Verhalten führt nicht zum Verlust des Grundrechtsschutzes der friedlichen Teilnehmer. Das Versammlungsgrundrecht ist ein individuelles Grundrecht, das jedem Einzelnen zusteht.

Artikel 8 Absatz 1 betrifft, wie bereits festgestellt, nur Versammlungen in geschlossenen Räumen. Für die »unter freiem Himmel« gilt die Anzeigepflicht nach Artikel 8 Absatz 2. Was aber ist mit Demonstrationen in öffentlichen Untergeschossen, überdachten Hallen, zum Beispiel am Flughafen? Einhellig versteht man den Ausdruck »unter freiem Himmel« nicht im engen, wörtlichen Sinn. Es kommt vielmehr darauf an, ob die Versammlung in von der Öffentlichkeit abgeschiedenen Räumen stattfindet oder nicht. Ist aufgrund des Versammlungsorts anzunehmen, dass eine Konfrontation mit der Öffentlichkeit stattfinden wird oder wahrscheinlich ist, muss die Veranstaltung angezeigt werden.

Das Gesetz, nach dem dies geschehen muss, und

auf das Artikel 8 Absatz 2 verweist, ist das Versammlungsgesetz. Nachdem das Versammlungsrecht eines der Rechte darstellt, die uns zur direkten Mitwirkung an der politischen Willensbildung einladen, will ich hier einige praktische Hinweise geben.

Wer eine Demonstration veranstalten will, muss sie beim zuständigen Ordnungsamt anmelden. Umgangssprachlich spricht man auch davon, man müsse sie »genehmigen« lassen. Das ist eine Ungenauigkeit, auf die man achten sollte. In der deutschen Rechtsterminologie ist die Zustimmung eine bejahende Willensbekundung. Sie kann entweder vorab als Erlaubnis oder nachträglich als Genehmigung erteilt werden. Der Veranstalter einer Demonstration braucht aber keine »bejahende Willensbekundung«. Die Anmeldung sollte enthalten: Name des Anmelders, Uhrzeit und Dauer der Demonstration, Thema, Anzahl der erwarteten Teilnehmer, Mittel der Kundgebung (Fahnen, Transparente, Trillerpfeifen etc.), Streckenverlauf, Anzahl der Ordner. Die Anmeldung muss 48 Stunden vor dem öffentlichen Aufruf zur Teilnahme erfolgen. Dies kann schriftlich, auch per E-Mail oder Fax, oder telefonisch geschehen.

Aufgrund aktueller Ereignisse kann es auch schneller gehen. Mit einer Begründung, warum die 48-Stunden-Frist nicht eingehalten werden kann, wird die Demonstration zur Eilversammlung erklärt. Außerdem kann es zu Spontandemonstrationen kommen. Sie können ihrem Wesen nach nicht angemeldet werden, sind aber rechtmäßig, weil eine fehlende Anmeldung in diesen Fällen nicht das Versammlungsgrundrecht außer Kraft setzt.

Das Ordnungsamt hat die Möglichkeit, Verbote auszusprechen oder dem Anmelder einer Demonstration Auflagen zu erteilen, für deren Einhaltung er verantwortlich ist. Diese Auflagen müssen rechtmäßig sein und mit einer konkreten Gefährdungslage begründet werden, dürfen also nicht bloß aufgrund allgemeiner Annahmen oder Befürchtungen ergehen.

Sie dürfen auch nicht dazu führen, dass die Demonstration faktisch unmöglich wird. Keine Begründung wäre zum Beispiel, dass der Behörde das Thema der Demonstration nicht »genehm« ist. Gegen Verbote und Auflagen kann bei den zuständigen Verwaltungsgerichten vorgegangen werden. Diesen Verfahren kommt eine ganz besondere Bedeutung zu, weil in ihnen Umfang und Grenzen des Versammlungsrechts immer wieder neu verhandelt werden. In künftigen Konflikten kann darauf aufgebaut werden.

Ein »Recht auf Revolution« hingegen gibt die Versammlungsfreiheit nicht; mitunter hat man versucht, dies aus dem Widerstandsrecht des Artikels 20 Absatz 4 Grundgesetz in Artikel 8 »hineinzulesen«. Dessen ungeachtet ist das Demonstrationsrecht eines der wirksamsten Mittel im demokratischen Meinungskampf.

»Wenn ihr nur Vereine gründen könnt, dann seid ihr in eurem Element!« – Vereins- und Koalitionsfreiheit

Die Deutschen sind Vereinsmeier, so will es das Klischee, und so dichtete es ihnen auch ein gewisser Heinrich Vierordt an, von dem die Überschrift stammt. Kein Wunder also, könnte man denken, dass sie aus dem Recht, Vereine zu gründen, ein Grundrecht machten. So heißt es in Artikel 9 Absatz 1 des Grundgesetzes: »Alle Deutschen haben das Recht, Vereine und Gesellschaften zu bilden.«

Man muss zugeben, lapidarer und langweiliger lässt sich das zentrale Strukturprinzip unserer Wirtschafts- und Gesellschaftsordnung nicht beschreiben. Wer denkt bei diesem Satz nicht an Taubenzüchtervereine und Karnevalsgesellschaften? Aber es war am allerwenigsten die Liebe zur Geselligkeit, die den Anlass gab, die Vereinigungsfreiheit oder auch Vereins- und Koalitionsfreiheit zum Grundrecht zu erheben.

Parteien, Aktiengesellschaften, Gewerkschaften, Arbeitgeberverbände, alle Formen wirtschaftlicher und politischer Zusammenschlüsse zu jedem nur denkbaren Zweck sind Vereinigungen im Sinne dieses unscheinbaren Artikels. Für einige von ihnen gelten besondere Vorschriften. So gilt für Parteien, die an Landtags- und Bundestagswahlen teilnehmen, Artikel 21 des Grundgesetzes als besonderes Recht für diese Art der Vereinigung. Ich werde sie dennoch in einem Exkurs an dieser Stelle behandeln, weil Parteien die wichtigste politische Mitwirkungsmöglichkeit in unserem Land bieten und deshalb ausdrücklich von der Verfassung genannt werden.

Doch zunächst zu den Vereinigungen nach Artikel 9 des Grundgesetzes. Ein Staat, der das Recht garantiert, sich ohne behördliche oder sonstige Kontrolle zusammenzutun, vertraut seinen Bürgern. In totalitären Regimes ziehen Einwohner, die sich, in welcher Weise auch immer zusammentun, sofort Verdacht auf sich. Verschwören sie sich gegen die Obrigkeit? Die einzig legitimen Vereinigungen sind dort Zwangsorganisationen, Jugend- und Berufsverbände, die Einheitspartei.

Unser Staat hingegen ermuntert seine Bürger zu freien Zusammenschlüssen. Das entspricht dem freiheitlichen Menschenbild des Grundgesetzes, das seine Bürger als selbstbestimmte Wesen betrachtet, die selbst entscheiden, ob und falls ja, wem oder welcher Sache sie sich anschließen. Die Vereinigungsfreiheit ist die wirtschaftliche und soziale Entsprechung zur politischen Versammlungsfreiheit. Wobei Vereinigungen natürlich auch politische, weltanschauliche oder religiöse Zwecke verfolgen dürfen.

Man macht es sich zu wenig bewusst, aber jeder Selbstständige, jeder Gewerbetreibende, jeder Handwerker, jeder Unternehmer macht von diesem Grundrecht Gebrauch, wenn er sich mit jemand anderem zusammentut, um sein Geschäft zu betreiben. Doch auch wer kein Geschäft betreiben will, bildet Vereinigungen.

Zum Beispiel einen Verein. Soll der Verein rechtsfähig sein, also selbst eine juristische Person, kann man ihn durch einen Notar ins Vereinsregister eintragen lassen. Die Haftung ist dann auf das Vereinsvermögen beschränkt. Bei einem nicht eingetragenen Verein haften die Vereinsmitglieder grundsätzlich persönlich. Wer weniger staatliche Kontrolle wünscht oder den Aufwand der Eintragung ins Vereinsregister scheut, wird sich für einen nicht rechtsfähigen, nicht eingetragenen Verein entscheiden.

Wollen zum Beispiel einige Eltern aus der Nachbarschaft einen Verein zur Betreuung ihrer Kinder gründen, werden sie dafür vermutlich einen nicht eingetragenen Verein gründen. Alles, was sie dafür brauchen, sind mindestens sieben Mitglieder, einen Namen für ihren Verein, eine Geschäftsordnung und einen Vorstand aus mindestens drei Mitgliedern.

Der Verein hat ein ideelles Ziel, eben die Kinderbetreuung, ist auf Dauer angelegt, und die Mitglieder werden immer wieder wechseln, wenn neue Kinder hinzukommen und andere ausscheiden. Wie die Mitglieder ihren Verein organisieren, bleibt ihnen weitgehend selbst überlassen. Aber nicht nur Kindergruppen können als nicht rechtsfähige Vereine organisiert werden, auch Gewerkschaften, Arbeitgeberverbände, Parteien und viele andere Organisationen. Rechtsfähig hingegen sind alle Vereine, die sich »e. V.« nennen, weil sie im Vereinsregister eingetragen sind. Sie können gemeinnützig oder auf Gewinnerzielung ausgerichtet sein. Sportvereine, Gartenbauvereine, die Caritas, der ADAC sind eingetragene Vereine.

Verbände sind hingegen Zusammenschlüsse von Unternehmen, die ihrerseits nicht rechtsfähig organisiert sein müssen, aber können. Dachverbände leisten Lobbyarbeit, indem sie ihre Interessen gegenüber politischen Funktionsträgern formulieren. Entgegen der landläufigen Meinung ist Lobbyismus weder verboten noch generell abzulehnen. Artikel 9 Grundgesetz verleiht ihm sogar Grundrechtsschutz.

Das öffentliche Bedürfnis, Einflussnahmen transparent und sichtbar zu machen, ist aber mindestens ebenso legitim. Wenn sich zum Beispiel führende Vertreter der dreißig DAX-Unternehmen unter dem ebenso selbstherrlichen wie geheimnistuerischen Namen »Das Collegium« regelmäßig in Berlin treffen, um sogenannte Hintergrundgespräche mit Politikern und Ministerialbeamten zu führen, klingt das so, als sollte die Öffentlichkeit besser Bescheid wissen, über welche Hintergründe da genau gesprochen wird.

Eine Gesellschaft, die manchmal schneller entsteht, als den Beteiligten bewusst ist, ist die Gesellschaft bürgerlichen Rechts, auch GbR oder BGB-Gesellschaft genannt. Wenn sich mindestens zwei zur Erreichung irgendeines gemeinsamen Zwecks zusammentun und dafür die vereinbarten Beiträge leisten, ist sie schon entstanden.

Eine paar Leute, die eine Party feiern wollen und Geld zusammenlegen, um Grillfleisch und Bier zu kaufen, sind schon eine GbR, obwohl ihnen das vermutlich herzlich egal ist. Aber auch die Bürogemeinschaft von Freiberuflern, Wohngemeinschaften oder ein gemeinsam betriebenes Geschäft können GbRs sein.

Nicht so einfach und schnell wie eine GbR geht die Gründung einer GmbH. »Gesellschaft mit beschränkter Haftung« bedeutet, die juristische Person, welche diese Gesellschaft darstellt, haftet nur bis zur Höhe der Einlage, die ihre Gesellschafter geleistet haben. Das sind mindestens 25 000 Euro. Einen Sonderfall der GmbH bildet die Unternehmergesellschaft. Hier kann das Stammkapital sogar nur einen Euro betragen. Diese Gesellschaftsformen werden vor allem dann gewählt, wenn der Unternehmer nicht mit seinem Privatvermögen haften will.

Das Bürgerliche Gesetzbuch, das Handelsgesetzbuch und weitere spezielle Gesetze kennen noch eine ganze Reihe anderer Gesellschaftsformen, die jeweils besonders für unterschiedliche Geschäftszwecke geeignet sind (die Aktiengesellschaft, die Kommanditgesellschaft, die GmbH & Co. KG, die oHG und viele andere mehr). Das ganze Rechtsgebiet nennt man dementsprechend Gesellschaftsrecht. Die Garantie für seine Existenz ist in Artikel 9 Absatz 1 des Grundgesetzes niedergelegt.

Eine ganz andere Vereinigungsform ist diejenige der politischen Partei. Anders als die deutschen Verfassungen zuvor nennt das Grundgesetz sie ausdrücklich in Artikel 21, der deshalb auch Vorrang hat vor Artikel 9, der nur allgemein von Vereinigungen spricht. Parteien sind Vereinigungen, denen in einer parlamentarischen, repräsentativen Demokratie besondere Bedeutung zukommt.

Die Parteien genießen einerseits den Rang verfassungsrechtlicher Institutionen, sind andererseits aber keine staatlichen Organe oder auch nur Teil der Staatsorganisation. Es kommt ihnen eine Vermittlerstellung zwischen Staat und Gesellschaft zu. Sie entsenden die gewählten Vertreter des Volkes in die Parlamente des Landes und des Bundes.

Es ist deshalb nicht falsch, unsere Demokratie als Parteiendemokratie zu bezeichnen. Insbesondere die beiden großen Volksparteien haben die Geschichte der Bundesrepublik Deutschland geprägt, und manchmal mag es einem so vorkommen, als gehörten sie zu deren garantiertem Inventar. Doch es gibt keinen Bestandsschutz für Parteien. Ebenso wenig ist es untersagt, neue Parteien zu gründen, und es gibt immer wieder Beispiele für aufsehenerregende Neugründungen, die allerdings oft auch schnell wieder in der Bedeutungslosigkeit verschwinden.

Die Verfassung stellt drei Anforderungen an das Parteiensystem, die unbedingt erfüllt sein müssen.

Erstens muss das Mehrparteienprinzip eingehalten werden. Es darf keine politische Blockbildung der Parteien stattfinden. Beliebt ist die Behauptung, die Große Koalition sei so etwas wie eine Blockbildung. Das ist schon deshalb nicht der Fall, weil eine politische Koalition zweier oder mehrerer Parteien freiwillig und nicht aufgrund einer Regierungsanordnung geschieht.

Zweitens muss die Wettbewerbsgleichheit der Parteien gegeben sein.

Drittens haben die Parteien einen direkten Anspruch auf Gleichbehandlung, den sie gerichtlich geltend machen können.

Die Punkte zwei und drei spielen vor allem eine Rolle zum Beispiel beim Verteilungsschlüssel der Parteienfinanzierung durch den Bund, also bei der Frage, welche Partei wie viele öffentliche Gelder bekommt, um den eigenen Wahlkampf zu finanzieren. Das Thema der Chancengleichheit berührt auch die Frage der Öffentlichkeitsarbeit der Regierung. Sind Werbemaßnahmen für die Regierung nicht immer auch Werbemaßnahmen für die Regierungspartei(en)? Was soll hier erlaubt sein und was nicht mehr? Das sind Fragen, die im Einzelfall entschieden werden müssen. Wichtig ist, dass jede der Nichtregierungsparteien einen Anspruch darauf hat, dies überprüfen zu lassen.

Um eine Partei zu gründen, braucht man keinen Notar, keine behördliche Erlaubnis und keine besonderen Qualifikationen. Jeder kann es. Wie es geht, ergibt sich im Wesentlichen aus dem Parteiengesetz. Im Übrigen werden die Regelungen aus dem bürgerlichen Recht bezüglich Vereine angewendet. Nur natürliche Personen, also Menschen, können eine Partei gründen. Juristischen Personen – also Unternehmen – ist das nicht erlaubt. Es gibt keine Mindestanzahl von Mitgliedern, der Parteivorstand muss aber mindestens aus drei Personen bestehen. Dann braucht es noch einen Gründungsvertrag, aus dem die Absicht hervorgeht, eine Partei gründen zu wollen, ein beschlossenes Parteiprogramm und eine Parteisatzung, in der geregelt wird, wie die Partei ihre Geschäfte führt. Der Parteivorstand muss gewählt und ein Gründungsprotokoll angefertigt werden. Und fertig ist die Partei.

Um an Landtags- und Bundestagswahlen teilnehmen zu können, braucht sie in jedem Bundesland, in dem sie dies tun will, zweitausend Unterstützerunterschriften; in manchen genügen sogar weniger. Will die Partei steuerlich als solche behandelt werden und in den Genuss staatlicher Zuwendungen kommen, um Wahlkämpfe bestreiten zu können, wird sie überdies glaubhaft machen müssen, dass sie auf Dauer angelegt ist und ihre politischen Ziele ernsthaft verfolgt. Die Anforderungen dürfen hier aber nicht hoch sein und vor allem nicht zu einer versteckten Inhaltskontrolle politischer Ziele werden.

Will eine Partei »nach ihren Zielen und nach dem Verhalten ihrer Anhänger« die freiheitliche demokratische Grundordnung beinträchtigen oder beseitigen oder den Bestand der Bundesrepublik gefährden, kann sie als verfassungswidrig verboten werden, wenn sie diesen Willen nicht nur bekundet, sondern auch »darauf ausgeht«, ihn zu verwirklichen.

Seit Gründung der Bundesrepublik hat das Bundesverfassungsgericht, das allein für die Beurteilung dieser Fragen zuständig ist, nur in zwei Fällen ein Parteiverbot

ausgesprochen. 1952 wurde die Sozialistische Reichs-
partei (SRP) verboten, die ein offen nationalsozialisti-
sches Programm vertrat, und 1956 die Kommunistische
Partei Deutschlands (KPD).

Ob diese Verbote nach der aktuellen Rechtsprechung
des Bundesverfassungsgerichts noch ausgesprochen
würden, erscheint zweifelhaft. 2017 hat das Gericht
nämlich das Verbot der Nationaldemokratischen Partei
Deutschlands (NPD) abgelehnt. Jedoch nicht etwa, weil
es deren politische Ziele für verfassungskonform hielt.
Die NPD vertrete, so die Urteilsbegründung, »ein auf
die Beseitigung der bestehenden freiheitlichen demokratischen Grundordnung gerichtetes politisches Konzept.
Sie will die bestehende Verfassungsordnung durch einen
an der ethnisch definierten ›Volksgemeinschaft‹ ausge-
richteten autoritären Nationalstaat ersetzen. Ihr politisches Konzept missachtet die Menschenwürde und ist
mit dem Demokratieprinzip unvereinbar.«

Dies alles, so das Gericht weiter, genüge jedoch nicht
für ein Verbot. Zwar arbeite die NPD auch »planvoll
und mit hinreichender Intensität auf die Erreichung
ihrer gegen die freiheitliche demokratische Grundordnung gerichteten Ziele hin. Allerdings fehlt es (derzeit)
an konkreten Anhaltspunkten von Gewicht, die es möglich erscheinen lassen, dass dieses Handeln zum Erfolg
führt.« Solange dieses Handeln »noch nicht einmal auf
die Möglichkeit eines Erreichens ihrer verfassungsfeind-
lichen Ziele schließen« lasse, »bedarf es des präventiven
Schutzes der Verfassung durch ein Parteiverbot nicht«.
Die verfassungsfeindliche Orientierung einer Partei genüge dafür nicht, denn das Parteiverbot sei »kein Gesin-
nungs- oder Weltanschauungsverbot«.

Von der gegensätzlichen Auffassung, die das Bundesverfassungsgericht noch im KPD-Verbotsurteil von

1956 vertreten hatte, distanzierte es sich nun ausdrücklich: »An der abweichenden Definition im KPD-Urteil, nach der es einem Parteiverbot nicht entgegenstehe, wenn für die Partei nach menschlichem Ermessen keine Aussicht darauf besteht, dass sie ihre verfassungswidrige Absicht in absehbarer Zukunft werde verwirklichen können, hält der Senat nicht fest.«

Ich zitiere dieses Urteil hier so ausführlich, weil es ein Musterbeispiel dafür ist, wie sich die demokratische Denkweise in unserem Grundgesetz manifestiert. Die Überprüfung der Verfassungswidrigkeit darf nicht zu einer Gesinnungskontrolle missbraucht werden. Ebendies war die Kritik, die jahrzehntelang am KPD-Urteil des Bundesverfassungsgerichts geübt wurde. Mit der Entscheidung über das NPD-Verbot hat es diesen Fehler korrigiert.

Die Feststellung der Verfassungswidrigkeit einer Partei darf nicht dazu dienen, die Bevölkerung »auf Linie« zu halten. Sie hat allein den Zweck, tatsächliche Angriffe auf Land und Verfassung ab einer gewissen Intensität zu unterbinden.

Es fällt nicht schwer, sich das Hohngelächter der NPD-Anhänger über diese Entscheidung vorzustellen. Und es gibt genug Mahner, die sie angesichts der aufstrebenden Neuen Rechten geradezu für weltfremd halten. Aber Verfassungsprinzipien lassen sich nur verteidigen, indem man ihnen treu bleibt, gerade wenn sie angegriffen werden.

Zurück zu Artikel 9 Grundgesetz. Auch dort gibt es, in Absatz 2, eine Verbotsvorschrift. Sie betrifft Vereinigungen, welche den Strafgesetzen »zuwiderlaufen«, sich gegen die Verfassung oder »gegen den Gedanken der Völkerverständigung richten«.

Bedeutung erlangte diese Vorschrift in jüngerer Zeit

vor allem bei Verboten von islamischen und ausländischen Vereinen, in denen etwa zur Tötung Andersgläubiger aufgerufen wurde. Es versteht sich von selbst, dass die Religionsfreiheit einem solchen Verbot nicht entgegensteht.

Artikel 9 Absatz 3 schließlich hat wiederum größte gesellschaftliche und wirtschaftspolitische Bedeutung. Er schützt die sogenannte Koalitionsfreiheit – ein in der Alltagssprache in anderem Zusammenhang gebrauchter Begriff: Das Wort »Koalition« verwenden wir üblicherweise für den Zusammenschluss von Parteien in Parlamenten. Hier bezeichnet es die Parteien des Arbeitskampfes. Die Koalitionsfreiheit ist sowohl ein individuelles Grundrecht, das jedem Einzelnen zusteht, als auch ein kollektives, das Gewerkschaften und Arbeitgeberverbände für sich beanspruchen können.

Weder Gewerkschaften noch Arbeitgeberverbände sind automatisch Koalitionen, wie sie das Grundgesetz versteht. Diese müssen privatrechtlich organisiert sein und als alleiniges Ziel, wie es in Artikel 9 Absatz 3 heißt, die »Wahrung und Förderung von Arbeits- und Wirtschaftsbedingungen« verfolgen. Der Staat überlässt damit Arbeitgebern und Arbeitnehmern die Regelung dieser Angelegenheiten.

Es gibt noch weitere Voraussetzungen der Koalitionseigenschaft. Die Koalition muss auf einer der beiden Seiten des Arbeitskampfes stehen. So können Arbeitgeber nicht Mitglieder in Gewerkschaften sein, Gewerkschafter nicht Mitglieder in Arbeitgeberverbänden. Auf diese Weise soll eine unerwünschte Einflussnahme im Sinne der jeweils anderen Seite verhindert werden. Schließlich müssen Koalitionen überbetrieblich organisiert sein, dürfen also nicht nur die Belegschaft oder die Inhaber eines Unternehmens repräsentieren.

Artikel 9 Absatz 3 garantiert den Koalitionen die sogenannte Tarifautonomie. Das ist das Recht, mit Wirkung nicht nur für ihre Mitglieder, sondern für Arbeitgeber und Arbeitnehmer generell bindende Verträge zu schließen, in denen die wesentlichen Bedingungen des gemeinsamen Arbeitens und Wirtschaftens geregelt sind. Dies betrifft insbesondere die Dauer und die Entlohnung der Arbeit, aber auch Urlaubsansprüche, soziale Leistungen des Arbeitgebers, Pflichten der Arbeitnehmer, alle Umstände, die für das Arbeitsleben bedeutsam sein können. Unter grundrechtlichem Schutz stehen auch die Kampfmittel, die beide einsetzen, um die jeweils bestmöglichen Ziele für sich zu erreichen: der Streik und die Aussperrung.

Dem Staat ist damit die Möglichkeit zur Einflussnahme nicht völlig genommen, doch sind Gesetze, die er, etwa zur Sicherung von Mindestarbeitsbedingungen erlässt, daraufhin zu prüfen, ob sie nicht eine unzulässige Einschränkung der Koalitionsfreiheit bedeuten.

»Versehentlich geöffnet« –
Brief-, Post- und
Fernmeldegeheimnis

Schon die Überschrift zeigt, dass Artikel 10 des Grundgesetzes aus einer anderen Zeit stammt. Der größte Teil unserer Kommunikation findet heute elektronisch statt, auf eine Weise, die mit dem Wort Fernmeldewesen nur höchst unzureichend beschrieben wäre.

»Briefe« schreiben wir heute nur noch selten, die »Post« als staatlich und zentral organisierte Behörde existiert nicht mehr, und unsere im Internet bestellten Päckchen liefern uns Zustelldienste.

Unsere berufliche wie private Kommunikation läuft über E-Mail, SMS, soziale Netzwerke und das Telefon. In Artikel 10 Absatz 1 des Grundgesetzes heißt es: »Das Briefgeheimnis sowie das Post- und Fernmeldegeheimnis sind unverletzlich.« Schön und gut, aber gibt es auch ein Facebook-Geheimnis, ein Instagram-Geheimnis, ein E-Mail- und ein SMS-Geheimnis?

Die Frage klingt vielleicht ein bisschen unernst gestellt, aber sie führt direkt zum Kernproblem moderner Kommunikation: Wer die Kommunikationswege besitzt, hat auch die Kontrolle über den Inhalt der Kommunikation.

Als Artikel 10 ins Grundgesetz aufgenommen wurde, konnten räumlich voneinander getrennte Menschen sich Briefe und Postkarten schreiben, telegrafieren und telefonieren. Andere Möglichkeiten gab es nicht.

Die technischen und die logistischen Mittel, die diese Kommunikationsformen möglich machten, befanden sich ausschließlich im Eigentum und unter der Kontrolle des Staates. Brief-, Post- und Fernmeldegeheimnis waren somit als klassische Abwehrgrundrechte gegen staatliche Übergriffe und unzulässige Überwachung konzipiert. Die Sachlage war verglichen mit der heutigen relativ einfach: hier der Staat, der die Kommunikationsmittel zur Verfügung stellte, dort der Bürger, der das Recht hatte, sie zu nutzen, ohne dabei überwacht zu werden. Schon damals, in dieser relativ übersichtlichen Situation, war klar, dass die Bürger sich hier auf das »gute Wort« des Staates verlassen mussten.

Ob Briefe gelesen, Telefonate abgehört wurden, entzog sich der Nachprüfung. Insbesondere wer Briefe von der DDR in die Bundesrepublik oder in die Gegenrichtung versandte oder mit Verwandten »drüben« telefonierte, rechnete besser damit, dass die Geheimdienste beider Seiten mitlasen und -hörten. Verstöße von privater Seite dürften demgegenüber eher selten gewesen sein, stehen aber gemäß § 202 Strafgesetzbuch unter Strafe.

Wie will man die Beachtung eines Grundrechts sicherstellen, dessen Verletzung man höchstwahrscheinlich gar nicht mitbekommt? Das Bundesverfassungsgericht spricht von der »Unbefangenheit« der privaten Kommunikation, die geschützt sei. Doch realistischerweise besteht bei jedem Wort, geschrieben oder gesprochen, die Möglichkeit, dass es »an den Falschen« gerät. Dies ist keineswegs erst so, seit es privatisierte Kommunikationswege und eine Vielzahl neuer Kommunikationsmittel gibt. Dennoch hat sich durch diese Veränderungen die Situation grundlegend gewandelt. Dies liegt jedoch vor allem an unserem Umgang mit diesen Mitteln und Wegen.

Ich jedenfalls muss zugeben, dass ich Softwarenutzungsbestimmungen zustimme, ohne sie gelesen zu haben. Was soll ich sonst tun? Wenn ich vorhabe, die Software, für die ich bezahlt habe, zu nutzen, muss ich ihnen zustimmen. Wenn ich ein Smartphone kaufe, gehe ich davon aus, dass der Hersteller, sobald ich online gehe, Zugriff auf meine sämtlichen Daten hat, oder haben könnte, wenn er wollte. Ich gehe weiter davon aus, dass ich das weder kontrollieren kann noch mitbekomme, falls es so ist.

In den Nutzungsbedingungen meines E-Mail-Providers steht zweifellos, dass er Zugriff auf alle meine Mails besitzt, ich aber keinerlei Ansprüche gegen ihn habe, er jedoch befugt ist, damit zu tun, was immer er will – innerhalb der geltenden Gesetze natürlich. Nur wer die Nutzungsrechte an seinen Inhalten überträgt, darf Facebook und andere soziale Medien nutzen, so steht es in deren Nutzungsbedingungen. Wenn ich etwas poste, simse, maile, muss ich annehmen, dass der Kreis der Mitleser größer ist als der der Adressaten.

Vertraulichkeit sieht anders aus. Dennoch verwende ich all diese Kommunikationswege für private Mitteilungen, die ganz und gar nicht für die Öffentlichkeit bestimmt sind. Wie übrigens jeder, der diese Medien nutzt. Ich spreche dabei noch längst nicht von den besonderen Fällen polizeilicher oder geheimdienstlicher Ermittlungen. Aber man muss nur ein wenig darüber nachdenken, um sich klar darüber zu werden, dass alles, was man auf diesen Wegen mitteilt, öffentlich ist oder es jederzeit werden kann.

Das Bundesverfassungsgericht erläutert, das Grundrecht aus Artikel 10 solle »jener Gefahr für die Vertraulichkeit der Mitteilung begegnen, die sich gerade aus der Einschaltung eines Übermittlers ergibt«. Die Übermittler, die wir heute alle einschalten, bieten ihre Dienste über das Internet an. Wer Onlinebanking betreibt, einen amazon- und einen oder mehrere Social-Media-Accounts unterhält, E-Mails schreibt, regelmäßig googelt und ein Smartphone besitzt, hinterlässt damit ein hoch differenziertes Persönlichkeitsprofil. Wenn man nur bedenkt, welche Verbindungen, Kontakte, Interessen, Ansichten, Pläne sich aus Überweisungen, Buchbestellungen, Reisebuchungen, welche persönlichen Verhältnisse sich aus den E-Mails in einem Postfach herauslesen lassen. Ich erinnere an das bereits zitierte Urteil des Bundesverfassungsgerichts zur Volkszählung aus dem Jahr 1983.

Das Internet, so wie es heute existiert, war damals nichts weiter als eine kühne Zukunftsvision. Eine Gesellschaft, in der die »Bürger nicht mehr wissen können, wer was wann und bei welcher Gelegenheit über sie weiß«, befand das Gericht, sei mit dem Grundrecht auf informationelle Selbstbestimmung nicht vereinbar. Wer sich der neuen Kommunikationsmittel bedient, verzichtet auch weitgehend auf den Schutz des Brief-, Post- und Fernmeldegeheimnisses.

Der Gesetzgeber versucht diesem Effekt entgegenzuwirken, indem er die Privatsphäre durch Strafgesetze stärker schützt. So hat er nach und nach Vorschriften ins Strafgesetzbuch aufgenommen, welche die Verletzung der Vertraulichkeit des Wortes, die Verletzung des höchstpersönlichen Lebensbereichs durch Bildaufnahmen, die Verletzung des Brief-, Post- und Fernmeldegeheimnisses, das Ausspähen und Abfangen von Daten, Datenhehlerei, die Verletzung von Privatgeheimnissen und die Verwertung fremder Geheimnisse mit Strafen belegen.

Auf der anderen Seite stand das Brief-, Post- und

Fernmeldegeheimnis schon in seiner ursprünglichen Fassung unter dem Vorbehalt staatlicher Einschränkung. Diese lautete: »Das Briefgeheimnis sowie das Post- und Fernmeldegeheimnis sind unverletzlich. Beschränkungen dürfen nur aufgrund eines Gesetzes angeordnet werden.«

Die noch weiter einschränkende Änderung dieses Artikels im Rahmen der sogenannten Notstandsgesetzgebung von 1968 führte zu massiven Protesten in der Bevölkerung und war einer der maßgeblichen Kritikpunkte der Studentenbewegung. Unter dem Vorwand, die Demokratie schützen zu wollen, wurden Grundrechte auf gravierende Weise eingeschränkt. In dem neu eingefügten Absatz 2 wurde dies ausdrücklich formuliert. In seiner bis heute gültigen Fassung heißt es dort nun: »Dient die Beschränkung dem Schutze der freiheitlichen demokratischen Grundordnung oder des Bestandes oder der Sicherung des Bundes oder eines Landes, so kann das Gesetz bestimmen, dass sie dem Betroffenen nicht mitgeteilt wird und dass an die Stelle des Rechtsweges die Nachprüfung durch von der Volksvertretung bestellte Organe und Hilfsorgane tritt.«

Etwas verständlicher ausgedrückt: Ist erst einmal der Notstand beschlossen, kann jeder ohne Mitteilung überwacht werden. Sollte er überhaupt davon erfahren, kann er sich zwar bei denjenigen, die ihn überwachen, beschweren, vor Gericht kann er damit aber nicht gehen. Für den Fall des Notstands wurde also nicht nur das Grundrecht des Artikels 10 erledigt, sondern die Gewaltenteilung gleich mit.

Diese und weitere Änderungen waren Verfassungsänderungen, die von der ersten Großen Koalition aus CDU/CSU und SPD beschlossen wurden, welche die dafür nötige Zweidrittelmehrheit im Bundestag besaß.

Die Kritik, dass man Freiheiten nicht schützen kann, indem man sie kurzerhand abschafft, ist zwar von bezwingender Logik, die Durchsetzung der staatlichen Autorität erschien den damals Regierenden jedoch wichtiger als Logik.

Das hatte einen historischen Grund, an den man sich heute ungern zurückerinnert. Die Sechzigerjahre waren ein Jahrzehnt des Kalten Krieges und der Geheimdienste. Der deutsche Bundesnachrichtendienst spielte im Verhältnis zu den Diensten der »Drei Mächte«, wie die Westalliierten Frankreich, Großbritannien und USA genannt wurden, eine untergeordnete Rolle.

Umgekehrt darf man annehmen, dass sich deren Geheimdienste bei der Informationsbeschaffung kaum um Finessen des deutschen Grundrechtssystems kümmerten.

Die Rechnung der Großen Koalition war einfach: Wenn sie dem Bundesnachrichtendienst ähnlich weitgehende Befugnisse einräumte, um die gewünschten Ergebnisse künftig selbst beschaffen zu können, würden die Alliierten möglicherweise auf ihren lapidar so genannten »Abhörvorbehalt« verzichten. Genau so kam es.

Der Preis für diesen Rückgewinn an Souveränität war allerdings hoch, denn er stellte nicht nur einen massiven Eingriff in Grundrechte dar, sondern auch einen in die Verfassungssystematik.

Das Bundesverfassungsgericht wurde später in diese Kritik mit einbezogen, als es Artikel 10 Absatz 2 Satz 2 für verfassungskonform erklärte. Mit der Einschränkung allerdings, dass von der Überwachung Betroffene sobald wie möglich über gegen sie ergriffene Maßnahmen informiert werden müssen.

Für den ausgeschlossenen Rechtsweg musste ein »Ersatzverfahren« geschaffen werden, das den Betroffenen die Möglichkeit eröffnet, Rechtsverletzungen überprüfen zu lassen. Das Gesetz zur Beschränkung des Brief-, Post- und Fernmeldegeheimnisses, auch »Artikel 10-Gesetz« oder »G 10« genannt, regelt seither insbesondere die geheimdienstlichen Befugnisse, die Verfassungsschutz, Militärischer Abschirmdienst und Bundesnachrichtendienst zur Überwachung haben.

In den Siebziger- und Achtzigerjahren war die Befürchtung, die sich gegen diese Rechtslage wandte, vor allem, dass der Staat Gesinnungsschnüffelei gegen seine Bürger betreiben könnte, ohne dabei einer wirksamen Kontrolle zu unterliegen.

Seit dem 11. September 2001 wird die Ausweitung staatlicher Überwachungsmaßnahmen vor allem mit dem Kampf gegen den internationalen Terrorismus begründet. Nach den Grundsätzen unseres Strafrechts dürfen Ermittlungen nicht »ins Blaue hinein« unternommen werden. Sie erfordern einen hinreichend konkreten Verdacht, dass Straftaten geplant werden.

Das Interesse der Sicherheitsbehörden ist es, möglichst frühzeitig geplante Verbrechen entdecken und verhindern zu können. »Rasterfahndung«, »Vorratsdatenspeicherung«, »Videoüberwachung«, »kleiner Lauschangriff« und »großer Lauschangriff« sind Begriffe, die dafür in der öffentlichen Diskussion stehen. Gegen dieses Interesse steht, in aller Schlichtheit, das Menschenrecht auf Privatheit.

Beiden Bedürfnissen wird man nicht genügen können, weil sie einander ausschließen. Es besteht aber die Möglichkeit, darüber zu wachen, dass Eingriffe in die Privatsphäre nicht weiter gehen als unbedingt nötig und es einen Kernbereich gibt, der in jedem Fall tabu bleiben muss.

»Das muss ein schlechter Müller sein, dem niemals fiel das Wandern ein« – Freizügigkeit

Wann immer ich in einer Runde gefragt habe, welche Grundrechte den Anwesenden so einfielen, wurde als eines der ersten die Freizügigkeit genannt. Das lag vielleicht gar nicht daran, dass ihnen dieses Grundrecht so besonders wichtig erschien, sondern dass sich seine merkwürdige Bezeichnung besonders gut einprägt.

In der Alltagssprache versteht man unter Freizügigkeit eher Ungezwungenheit, vielleicht sogar Enthemmung. Hier jedoch ist das Recht gemeint, »frei zu ziehen«, das § 133 der Paulskirchenverfassung von 1848 sehr schön beschreibt:

»Jeder Deutsche hat das Recht, an jedem Orte des Reichsgebietes seinen Aufenthalt und Wohnsitz zu nehmen, Liegenschaften jeder Art zu erwerben und darüber zu verfügen, jeden Nahrungszweig zu betreiben, das Gemeindebürgerrecht zu gewinnen.«

Eine gewisse biedermeierliche Beschaulichkeit liegt in dieser Formulierung, der sich selbst die Revolutionäre nicht enthalten konnten.

Die Freizügigkeit gehört zu den ältesten Menschenrechten. In der Magna Carta räumte der englische König Johann dem revoltierenden Adel Freiheitsrechte ein, darunter eine Art Reisefreiheit, die dort erstmals erwähnt wird. Im Augsburger Religionsfrieden wurde den Menschen, die nicht das Bekenntnis des Landesherrn teilten, das Recht zugestanden, das Land zu verlassen. Mit der Freizügigkeit in unserem heutigen Sinn hatten diese Regelungen kaum etwas gemein.

In Deutschland wurde die Leibeigenschaft erst zu Beginn des 19. Jahrhunderts abgeschafft. Bis dahin war Grundbesitz dem Adel, der Kirche und dem Bürgertum vorbehalten, und zu diesem Grundbesitz gehörten die Arbeiter, Bauern und Handwerker, die nicht ohne Erlaubnis ihres Herrn ihren Ort verlassen konnten. Es ist ziemlich genau zweihundert Jahre her, dass in den deutschen Ländern die Leibeigenschaft durch Gesetze verbindlich beendet wurde. Die Freizügigkeit wurde damit jedoch noch nicht zum geltenden Grundrecht, dazu kam es erst in der eingangs zitierten Paulskirchenverfassung.

Obwohl die Freizügigkeit jahrtausendelang für die weitaus meisten ein unerreichbares Privileg war, erscheint sie uns heute überaus selbstverständlich. Das ist verwunderlich, weil sie erst mit der Wiedervereinigung in ganz Deutschland geltendes Recht wurde.

Was aber bedeutet Freizügigkeit nach dem Grundgesetz im Detail? Zunächst, sich innerhalb des Bundesgebietes aufhalten und wohnen zu dürfen, wo man will. Als Wohnsitz gilt der Ort, an dem man sich niederlässt in der Absicht, ihn zum Lebensmittelpunkt zu machen.

Ein Aufenthalt ist demgegenüber nur von begrenzter Dauer. Weiter ist unstreitig auch das Reisen innerhalb Deutschlands von der Freizügigkeit umfasst. Ob jedoch auch Einreise und Einwanderung sowie Ausreise und Auswanderung von der Freizügigkeit gedeckt sind, ist unter Verfassungsrechtlern umstritten.

Dagegen spricht zunächst der Wortlaut des Verfassungstextes, der Freizügigkeit »im« ganzen Bundesgebiet zusichert. Die Gegenmeinung sagt, es komme nur darauf an, dass Ziel oder Ausgangspunkt der Reise, des Umzugs, der Fortbewegung im Bundesgebiet lägen. Die Rechtsprechung entnimmt das Recht zur Ausreise und Auswanderung (also die Ausreise mit der Absicht, einen Wohnsitz im Ausland zu begründen) dem langen, umständlich und unklar formulierten Absatz 2 von Artikel 11 des Grundgesetzes:

»Dieses Recht darf nur durch Gesetz oder aufgrund eines Gesetzes und nur für die Fälle eingeschränkt werden, in denen eine ausreichende Lebensgrundlage nicht vorhanden ist und der Allgemeinheit besondere Lasten entstehen würden oder in denen es zur Abwehr einer drohenden Gefahr für den Bestand oder die freiheitliche demokratische Grundordnung des Bundes oder eines Landes, Bekämpfung von Seuchengefahr, Naturkatastrophen oder besonders schweren Unglücksfällen, zum Schutze der Jugend vor Verwahrlosung oder um strafbaren Handlungen vorzubeugen, erforderlich ist.«

Die seltsame Ausführlichkeit dieses Absatzes lässt zumindest erkennen, dass die Verfassung leichtfertige Einschränkungen der Freizügigkeit unbedingt verhindern will. Da sie zudem ein Deutschenrecht ist, also nur für Deutsche garantiert wird, ist die Frage nach der Geltung des Artikels 11 für die Ein- und Auswanderung nicht so brisant, die ansonsten durch Artikel 2 Absatz 2 geschützt würde.

Besondere Bedeutung hat die negative Freizügigkeit. Die meisten Grundrechte umfassen auch das Recht, eine Sache nicht zu tun. So schützt die Religionsfreiheit auch das Recht, sich keinem Bekenntnis anzuschließen, die Versammlungsfreiheit das Recht, Versammlungen fernzubleiben, und so weiter. Auf diese Weise schützt die Freizügigkeit auch und gerade das Recht, zu bleiben, wo man ist.

Die alltäglichsten Einschränkungen der Freizügigkeit finden sich im Polizeirecht. Die Polizei hat zum Beispiel das Recht, Platzverweise zu erteilen, wenn ihr das nötig erscheint, um die öffentliche Sicherheit und Ordnung aufrechtzuerhalten. Jeder Bürger hat das Recht, eine solche Maßnahme gerichtlich überprüfen zu lassen, wobei die Frage, ob sein Grundrecht auf Freizügigkeit unzulässigerweise eingeschränkt wurde, im Zentrum stehen muss.

»Wenn ich mal groß bin ...« – Berufsfreiheit

Der erste Satz des Artikels 12 klingt in den Ohren des unbefangenen Lesers wie Musik: »Alle Deutschen haben das Recht, Beruf, Arbeitsplatz und Ausbildungsstätte frei zu wählen.«

Was bedeutet das? Gestern Tiefseetaucher, heute Komponist, morgen Astronaut?

Ja, theoretisch bedeutet es das. Praktisch jedoch beeinflussen unsere persönlichen Fähigkeiten und Qualifikationen die Berufsfreiheit wie kein anderes Grundrecht. Nicht für alles, was wir gern wären, bringen wir die nötigen Voraussetzungen mit. Lässt sich aus dem Recht zur freien Wahl ein Anspruch gegen den Staat ableiten, er müsse jedem Deutschen zu dem von ihm gewünschten Beruf verhelfen?

Die fachkundigen Interpreten des Grundgesetzes verneinen dies. Die freie Wahl von Beruf, Arbeitsplatz und Ausbildungsstätte ist deshalb zunächst einmal durch eine Vielzahl tatsächlicher Umstände eingeschränkt. Welche Freiheiten will dieses Grundrecht also schützen und welche nicht?

Den Begriff des Berufs fasst das Grundgesetz weit. Nach der Auslegung des Bundesverfassungsgerichts ist unter »Beruf« jede Arbeit zu verstehen, die jemand zur Grundlage seiner Lebensführung macht. Es versteht sich von selbst, dass Tätigkeiten, die auf die Ausübung von Straftaten hinauslaufen, nicht darunter fallen.

Andererseits gibt es keinen abgeschlossenen Katalog von Berufen. Ein neu »erfundener« Beruf ist von der Berufsfreiheit ebenso geschützt wie einer, der nicht genug zum Leben abwirft, solange er zumindest auf Broterwerb zielt. Geschützt ist schließlich auch die negative Berufsfreiheit. Die Freiheit also, keinen Beruf zu haben und auch keinen ausüben zu wollen.

Der Beruf ist nicht nur irgendeine nach Neigung oder anderen Kriterien gewählte Tätigkeit, er ist Ausdruck der individuellen Persönlichkeit. Der Beruf ist Lebensaufgabe, Lebensgrundlage und Beitrag zur gesellschaftlichen Gesamtleistung.

»Das Grundrecht gewinnt so Bedeutung für alle sozialen Schichten; die Arbeit als ›Beruf‹ hat für alle gleichen Wert und gleiche Würde.« Diese Ausführungen des Bundesverfassungsgerichts stammen aus dem Jahr 1958. Im sogenannten Apotheken-Urteil entwickelte das Gericht seine Interpretation der Berufsfreiheit, die heute noch im Wesentlichen gilt. Das Bild, das es zeichnet, ist jedoch stark idealisiert und beschreibt sicher nicht die Realität des heutigen Arbeitslebens. Auch im Jahr 1958 sind sich Fabrikant und Müllmann vermutlich kaum im Bewusstsein gleichen Wertes und gleicher Würde auf der Straße begegnet.

Das Grundgesetz gilt als »wirtschaftsneutral«. Es gibt keine bestimmte Wirtschaftsordnung vor, an die sich Staat und Gesellschaft zu halten haben. Aus der allgemeinen Handlungsfreiheit, der Vereinigungsfreiheit, der Berufsfreiheit und dem Schutz des Privateigentums ist aber doch zumindest die Nähe zur Tradition der bürgerlich-kapitalistischen Wirtschaftsweise zu erkennen, deren Fortsetzung in der Bundesrepublik auch nie ernstlich infrage stand.

Der Realität sozialer Ungleichheit stellt das Bundesverfassungsgericht in der zitierten Entscheidung eine idealisierte »Gleichheit« in Wert und Würde gegenüber, die sich daraus ergeben soll, dass man die Arbeit zum Beruf erhebt. In der heutigen Arbeitswelt geht man mit dem Thema weit unverkrampfter um. Es wird selbstverständlich eingeräumt und akzeptiert, dass unterschiedliche Berufe unterschiedlich bezahlt werden, dass es Traumjobs und miese Jobs gibt, und es gibt einen enormen Kult um das sogenannte Talent, das diejenigen, die es besitzen, von allen anderen scheidet.

Berufswahl und -ausübung sind aber nicht nur von persönlicher Eignung und Befähigung abhängig, sondern auch von formalen Kriterien. Die meisten Streitfälle um die Berufsfreiheit betreffen Fragen um Zugangsbeschränkungen, Ausbildungsgebühren oder Studienplatzvergaben.

Das Bundesverfassungsgericht hat in der schon zitierten Apotheken-Entscheidung eine Methode entwickelt, mit der geprüft werden kann, ob Einschränkungen der Berufsfreiheit dem Grundsatz der Verhältnismäßigkeit entsprechen. Es handelt sich um die sogenannte Dreistufentheorie, die noch heute in modifizierter Form angewendet wird.

Danach sind Vorschriften, welche die Art und Weise der Ausübung eines Berufs betreffen, verfassungsgemäß, wenn sie dem Gemeinwohl dienen. Die bekannteste Vorschrift in dieser Hinsicht dürfte das Ladenschutzgesetz mit seiner Einschränkung der Öffnungszeiten sein. An diese Vorschriften sind laut Bundesverfassungsgericht die am wenigsten strengen Anforderungen zu stellen.

Regelungen, welche die persönlichen Voraussetzungen, Qualifikationen und Eigenschaften bestimmter Berufsbilder bestimmen, sind zulässig, wenn damit Gefahren für die Allgemeinheit verhindert werden. Hiermit sind alle Arten von Prüfungen gemeint, welche die subjektive Befähigung zu einem bestimmten Beruf sicherstellen sollen. Diese Regelungen unterliegen bereits einem strengeren Bewertungsmaßstab.

Schließlich gibt es noch Bestimmungen, nach denen objektive Zulassungsbedingungen formuliert werden. Diese Form der Beschränkung ist am strengsten zu beurteilen. Alle Zulassungsquoten, zum Beispiel für Ärzte, Apotheker, Notare, fallen darunter.

Aus den Absätzen 2 und 3 des Artikels 12 ergibt sich, dass in Deutschland weder der Zwang, eine bestimmte Arbeit zu verrichten, noch die Anordnung der Zwangsarbeit generell ausgeschlossen ist. Arbeitszwang darf aber nur ausgesprochen werden im Rahmen einer »für alle gleichen öffentlichen Dienstleistungspflicht«. Den Fall einer solchen Anordnung hat es in der Geschichte der Bundesrepublik jedoch bisher nicht gegeben. Die Anordnung von Zwangsarbeit darf nur in gerichtlich angeordneter Haft geschehen und nicht gegen das Gebot der Achtung der Menschenwürde verstoßen.

Artikel 12 a des Grundgesetzes behandelt schließlich die allgemeine Wehrpflicht und die Ersatzdienste. Entgegen der vereinfachten öffentlichen Darstellung wurde die allgemeine Wehrpflicht keineswegs abgeschafft, sie besteht im Wesentlichen gesetzlich unverändert fort. Das Wehrrechtsänderungsgesetz von 2011 sieht lediglich vor, dass keine Grundwehrdienstleistenden mehr einberufen werden. Im sogenannten Spannungs- oder Verteidigungsfall würde die Wehrpflicht wieder eintreten.

Währenddessen arbeiten die Kreiswehrersatzämter unverändert weiter und erfassen die Wehrpflichtigen, die aber eben nicht mehr gemustert und eingezogen

werden. Unabhängig davon kann jeder, der möchte und
dafür geeignet ist, freiwillig Wehr- und Ersatzdienst
leisten.

»Polizei! Öffnen Sie die Tür!« –
Unverletzlichkeit der Wohnung

In dem Roman »1984« von George Orwell wachsen in dem Bürger Winston Smith Zweifel an dem Überwachungsstaat, in dem er lebt. Er verleiht ihnen Ausdruck in einem Tagebuch, das er heimlich führt. Zwar ist in jeder Wohnung ein Televisor installiert, mit dem die Bürger rund um die Uhr überwacht werden, doch Winston Smith glaubt, in einem seiner Zimmer einen toten Winkel entdeckt zu haben, in dem er sein Tagebuch aufbewahrt. Später lässt Orwell den Leser das Entsetzen spüren, das Winston Smith packt, als er feststellen muss, wie sehr er sich getäuscht hat. Das Tagebuch hat man ihn nur führen lassen, um belastendes Material gegen ihn zu sammeln.

Jeder Mensch, so das Bundesverfassungsgericht, hat ein Recht darauf, »in Ruhe gelassen zu werden«. Doch dieses Recht kann man nur in Anspruch nehmen, wenn man einen Ort besitzt, an dem man wirklich für sich ist. Dieser Ort ist bei den weitaus meisten von uns die Wohnung, in der wir leben. Sie ist, nach dem Wortlaut des Artikels 13 Absatz 1 des Grundgesetzes, »unverletzlich«.

Das Wort »Wohnung« ist in diesem Zusammenhang wesentlich weiter zu verstehen als in seiner üblichen Bedeutung. Es fällt jeder Raum darunter, der nicht allgemein zugänglich ist und unserer individuellen Lebensführung dient. Das »Hausrecht« in diesem Sinne

kann aber auch juristischen Personen, also Firmen, zustehen, deren Betriebsstätten deshalb ebenfalls unter
den Schutzbereich des Artikels 13 fallen können. Auch
Büro-, Praxis- oder Kanzleiräume können »Wohnung«
in diesem Sinne sein. Entscheidend ist, dass die Räume
durch den, der sie nutzt, vor der Allgemeinheit geschützt
sein sollen. Dafür muss der Nutzer nicht Eigentümer
der Wohnung sein. Er muss noch nicht einmal einen
gültigen Mietvertrag haben. In diesem Fall hätte der
Vermieter zwar einen Räumungsanspruch, aber auch
der berechtigt weder ihn noch irgendjemanden sonst,
einfach in die Wohnung einzudringen.

Zu Recht wird der Wortlaut des Artikels 13 Absatz 1
deshalb kritisiert. Es wäre sicher sinnvoll, das Wort
»Wohnung« durch eine genaue Definition der Räum-
lichkeiten zu ersetzen, die wirklich gemeint sind. Zumal
die bestehende Formulierung auch in anderer Hinsicht
zu Missverständnissen geführt hat: Artikel 13 gibt keinen Rechtsanspruch auf die Vermittlung oder die Bereit-
stellung einer Wohnung. Ein solcher Anspruch ließe sich
wohl eher aus der Sozialstaatsklausel ableiten, denn zum
Existenzminimum gehört sicher auch eine menschenwürdige Behausung.

Das Ziel von Artikel 13 ist, den Staat aus der Wohnung zu halten. Die Frage ist, ob er das tatsächlich
tut. Wie alle Grundrechte ist auch die Unverletzlichkeit
der Wohnung nicht ohne Schranken. Absatz 2 erlaubt
Durchsuchungen nach richterlicher Anordnung oder
durch die Polizei bei Gefahr in Verzug. Kein Grundrecht
schützt die Begehung von Straftaten, sodass diese Maßnahmen dann rechtmäßig erscheinen können, wenn die
Wohnung im Zusammenhang mit einer Straftat steht.

In seiner ursprünglichen Fassung aus dem Jahr 1949
erlaubte Absatz 3 »Eingriffe und Beschränkungen« zur

Abwehr dringender Gefahren für die öffentliche Sicherheit. Als Beispiele wurden Behebung von Raumnot, Bekämpfung von Seuchengefahr und der Schutz gefährdeter Jugendlicher genannt. Der damalige Absatz 3 ist der heutige Absatz 7. Die Absätze 3 bis 6 wurden im Jahr 1998 neu gefasst beziehungsweise eingefügt. Dem ging eine jahrelange leidenschaftliche Debatte voraus, in der wieder einmal die Begriffe »Freiheit« und »Sicherheit« gegeneinander in Stellung gebracht wurden.

Um das organisierte Verbrechen besser bekämpfen zu können, so die Befürworter der Reform, müsse es den Strafverfolgungsbehörden und insbesondere dem Verfassungsschutz erlaubt sein, Wohnungen abzuhören. Die verniedlichende Bezeichnung »Lauschangriff« setzte sich dafür durch. Es gab nicht wenige Politiker und Verfassungsrechtler, die demgegenüber das Abhören und Ausspähen von Menschen in ihrem Wohnbereich per se für menschenunwürdig hielten, weshalb es zwangsläufig verfassungswidrig sein müsse. Doch diese Ansicht setzte sich nicht durch.

Seit 1998 regeln die Absätze 3 bis 6 des Artikels 13, unter welchen Voraussetzungen die optische und akustische Überwachung von Wohnraum rechtmäßig sein soll. Anders als der Einsatz des Televisors durch den Großen Bruder in Orwells Roman stehen diese Maßnahmen unter dem Vorbehalt richterlicher Genehmigung und unter gerichtlicher Kontrolle. Dennoch haben diese Bestimmungen einen schalen Beigeschmack. So ist es immer, wenn Prinzipien um ihrer Verteidigung willen aufgegeben oder zumindest eingeschränkt werden. Ist eine Wohnung wirklich noch »unverletzlich«, wenn Verdächtigungen ausreichen, um heimlich in diese besonders geschützte Sphäre einzudringen? Ist Missbrauch wirklich ausgeschlossen?

Diese Fragen, vor allem aber die Frage, ob die Verfassungsänderung des Artikels 13 rechtmäßig ist, musste das Bundesverfassungsgericht 2004 entscheiden. Es hielt große Teile der neu geschaffenen Ausführungsgesetze zum neuen Artikel 13 für verfassungswidrig, diesen selbst aber nicht. Prüfen musste das Gericht vor allem, ob die in den Absätzen 3 bis 6 vorgenommenen Änderungen die in den Artikeln 1 und 20 niedergelegten Grundsätze berührten. Dann nämlich wären sie nach Artikel 79 Absatz 3 für unzulässig zu erklären gewesen.

Es bedarf schon allergrößter Spitzfindigkeit, um zu dem Ergebnis zu kommen, der Grundsatz der Unverletzlichkeit der Wohnung sei nicht dadurch berührt, dass man sie, unter welchen Voraussetzungen auch immer, abhören und ausspähen dürfe. Mag sein, dass sich das Richtergremium aus Überlegungen zur Staatsräson und zu einer Zeit, da die Terrorangst in der westlichen Welt einen Höhepunkt erreicht hatte, verpflichtet fühlte, anders zu entscheiden.

Nicht mitgetragen wurde dieses Urteil von zwei Richterinnen. Ihrer Ansicht nach verletze der neu gefasste Artikel 13 die Menschenwürde und sei deshalb nichtig. Es könne nicht Aufgabe des Verfassungsgerichts sein, verfassungswidrige Vorschriften erst durch die Festlegung von Auslegungsregeln verfassungskonform zu machen. Ihre Überlegungen zielten aufs Grundsätzliche: »Gerade in einer Welt, in der es technisch möglich geworden ist, so gut wie jede Bewegung und Kommunikation einer Person zu verfolgen und aufzuzeichnen, dient die Privatwohnung dem Einzelnen mehr denn je als letztes Refugium, in dem sich die Freiheit seiner Gedanken unbeobachtet manifestieren kann. Sie ist damit als Ort Mittel zur Wahrung der Menschwürde.«

Und: »Inzwischen scheint man sich an den Gedanken gewöhnt zu haben, dass mit den mittlerweile entwickelten technischen Möglichkeiten auch deren grenzenloser Einsatz hinzunehmen ist. Wenn aber selbst die persönliche Intimsphäre, manifestiert in den eigenen vier Wänden, kein Tabu mehr ist, vor dem das Sicherheitsbedürfnis haltzumachen hat, stellt sich auch verfassungsrechtlich die Frage, ob das Menschenbild, das eine solche Vorgehensweise erzeugt, noch einer freiheitlich-rechtsstaatlichen Demokratie entspricht. Umso mehr ist Artikel 79 Abs. 3 GG streng und unnachgiebig auszulegen, um heute nicht mehr den Anfängen, sondern einem bitteren Ende zu wehren.«

Winston Smith hätte den Richterinnen aus vollem Herzen zugestimmt. Es versteht sich von selbst, dass diejenigen, die ihn für eine Ausgeburt der Fantasie halten, anderer Ansicht sind.

»Eigentum ist Diebstahl!« – Eigentum, Erbrecht und Enteignung; Sozialisierung

Die Überschrift stammt von Pierre-Joseph Proudhon, einem französischen Wirtschafts- und Gesellschaftstheoretiker des neunzehnten Jahrhunderts. Seine Ansichten über das Eigentum waren radikal und verblüffen ein wenig. Was kann rechtmäßig erworbenes Eigentum mit Diebstahl zu tun haben? Es kann vielleicht gestohlen werden, aber doch nicht selbst Diebstahl sein!

Proudhon sah das anders. Privateigentum stelle das Eigeninteresse des Einzelnen über das Interesse der Allgemeinheit. Eigentum ist Vermögen im Wortsinn. Wer es hat, vermag es in seinem Sinn zu nutzen. Der Nutzen, den er daraus zieht, kommt ihm allein zugute. Zwar kann er sich entschließen, es gemeinnützig einzusetzen, aber das ist nicht zwingend. Was einem als Eigentum gehört, bleibt anderen somit vorenthalten.

Proudhon bezweifelt generell die Rechtmäßigkeit von Privatvermögen, weil er es für eine menschengemachte Zuschreibung hält, die immer willkürlich bleiben muss. Wer sich zum Eigentümer einer Sache aufschwingt, behält sie anderen unberechtigterweise vor. Pointierter ausgedrückt: Eigentum ist Diebstahl.

Auch zur Zeit Proudhons war dies ein radikaler Standpunkt, der nie zur Mehrheitsmeinung wurde. Aber an ihm lässt sich illustrieren, zwischen welchen Polen der gesellschaftliche Diskurs stattfand. Auf der einen Seite das Privateigentum als zentraler Faktor unternehmerischer Freiheit, das Profitinteresse als Motor der industriellen Revolution. Auf der anderen Seite der Kampf darum, die Profite, besser aber noch die Produktionsmittel, letztlich also das Privateigentum zu vergesellschaften.

Fast zwei Jahrhunderte standen sich diese Positionen zuerst in den westlichen Industriegesellschaften und später auf der ganzen Welt gegenüber. Das Ende des Zweiten Weltkriegs war der Beginn des Kalten Krieges zwischen den USA und der Sowjetunion. Die Teilung Deutschlands in die Westzonen und die Sowjetisch Besetzte Zone (SBZ) und später in BRD und DDR schlug sich auch in der Ordnung des Eigentums nieder. Der Westen entschied sich für das Privateigentum, der Osten für das Volkseigentum. Letzteres konnte zwar aufgeteilt und Einzelnen zur Nutzung überlassen werden, »gehörte« diesen aber nicht.

Anders das Privateigentum. Die Idee der persönlichen Freiheit, wie sie das Grundgesetz versteht, gelangt erst durch das Privateigentum zu materiellem Ausdruck. Das soll nicht heißen, der eigentliche Sinn der Freiheit liege darin, Vermögen anzuhäufen. Aber privates Eigentum ist nach dieser Vorstellung ein unmittelbares Ausdrucksmittel persönlicher Autonomie. Deshalb hebt das Grundgesetz das Eigentum auf die gleiche Stufe wie die allgemeine Handlungsfreiheit und die anderen Grundrechte.

Neben dem Eigentum sichert das Grundgesetz auch das Erbrecht. Es nennt diese Rechte jedoch nicht »unantastbar« oder »unverletzlich«. »Eigentum und Erbrecht werden gewährleistet«, lautet die Formulierung. So wie für den Schutz von Ehe und Familie oder die Vereinigungsfreiheit spricht das Grundgesetz damit eine Einrichtungs- oder Institutsgarantie aus. Der Staat muss durch entsprechende Gesetze Gewähr dafür leisten, dass Eigentum und Erbrecht vor ihm selbst und vor Zugriffen anderer geschützt sind.

Eigentümer kann jedermann sein, natürliche und juristische Personen. Eine Beschränkung, die Ausländern den Eigentumserwerb in Deutschland verbietet, existiert nicht.

Eigentum kann immer nur an bestimmten Gegenständen bestehen. Das Vermögen als Ganzes unterliegt nicht der Eigentumsgarantie des Artikels 14, wohl aber jeder einzelne Vermögensgegenstand. Auch geistige Werke können Eigentum sein, wenn sie unter den Schutz des Urheberrechts fallen. So unterschiedliche Dinge wie Bücher, Computerprogramme, Bauwerke, Bilder können urheberrechtlich geschützt sein. Voraussetzung dafür ist unter anderem eine gewisse »Gestaltungshöhe«.

In zentralen Bereichen des gesellschaftlichen und wirtschaftlichen Lebens steht die Eigentumsgarantie im Zentrum der Konflikte, zum Beispiel im Steuerrecht oder im Mietrecht.

Auch das Eigentum wird nicht grenzenlos gewährt. Das ergibt sich schon aus Artikel 14 Absatz 1 Satz 2, in dem es heißt: »Inhalt und Schranken werden durch die Gesetze bestimmt.« Zum einen präzisiert das die Aufgabe des Staates, wie er die Eigentumsgarantie zu gestalten hat, nämlich durch Gesetze. Es legt aber auch schon fest, dass die Eigentumsgarantie nicht unbeschränkt gilt und inhaltlich ausgestaltet werden muss.

Dieser Gedanke wird in Artikel 14 Absatz 2 wieder aufgenommen: »Eigentum verpflichtet. Sein Gebrauch soll zugleich dem Wohle der Allgemeinheit dienen.« Man spricht in diesem Zusammenhang von der »Sozialbindung« des Eigentums, mit der beispielsweise die Besteuerung von Vermögen begründet wird.

Artikel 14 Absatz 3 schließlich erlaubt ausdrücklich die Enteignung, also die Wegnahme einzelner Vermögensgegenstände zugunsten der Allgemeinheit. Sie darf nur gegen Entschädigung erfolgen. Am häufigsten geschehen Enteignungen bei der Entwicklung und Erschließung im öffentlichen Raum, zum Beispiel beim Bau von Straßen, Bahnhöfen oder Flughäfen, wenn Eigentümer ihre in die Baulinie geratenen Grundstücke zwangsweise abgeben müssen. Sie erhalten dafür zwar eine Entschädigung, die aber nicht zwingend die Höhe des Verkehrswerts erreichen muss, also des Wertes, den man auf dem freien Markt dafür erzielen könnte.

Das Grundgesetz geht in Artikel 15 sogar noch weiter. Er ist in der amtlichen Fassung mit dem Wort »Sozialisierung« überschrieben, das dem Staat das Recht zur Vergesellschaftung von Grund und Boden, Naturschätzen und Produktionsmitteln gegen Entschädigung einräumt. Diese Vorschrift fand in der Geschichte der Bundesrepublik bislang keine Anwendung. Der Staat ist den umgekehrten Weg gegangen und hat früher rein staatliche Domänen wie Fernsehen und Rundfunk, Bahn und Post privatisiert.

»Ich bin stolz, ein Deutscher zu sein.« – Ausbürgerung, Auslieferung

Ein deutscher Politiker beklagt, ihm begegneten in der Fußgängerzone kaum noch Deutsche. Bei seinen Anhängern erntet er tief empfundene Zustimmung. Ein bemerkenswerter Sachverhalt, denn er unterstellt, dass man ganz genau wüsste, wie ein Deutscher aussieht. Was würde der Mann sagen, wenn er sich plötzlich umringt sähe von jungen Männern unterschiedlicher Hautfarben mit Namen wie Shkodran Mustafi, Jérôme Boateng, Mesut Özil, Sami Khedira, Antonio Rüdiger, Emre Can, Ilkay Gündogan, Leroy Sané, Serge Gnabry, Amin Younes, Karim Bellarabi, Kerim Demirbai und Jonathan Tah? Würde er sagen: »Hoppla, das ist ja fast die ganze deutsche Fußballnationalmannschaft!« Nein, würde er vermutlich nicht. Eher etwas in der Art von: »So weit ist es schon gekommen.«

Ich greife diese Geschichte hier auf, weil sie zeigt, wie grundlegend der Redebedarf geworden ist, wenn es um die Frage der deutschen Staatsangehörigkeit und des Deutschseins überhaupt geht. Diese Geschichte ist nämlich nicht mit dem vermeintlich entlarvenden Hinweis erledigt, man könne jemandem eben nicht ansehen, was für einen Pass er habe. Das wissen diejenigen, die in der Fußgängerzone nach Deutschen suchen, auch.

Die Frage, die dahintersteckt, ist eine andere: Gibt es einen mehrheitsfähigen und überzeugenden Konsens in unserer Gesellschaft darüber, wer deutsch sein darf und soll und wer nicht?

Artikel 16 Grundgesetz macht den zweiten Schritt vor dem ersten. In Artikel 16 Absatz 1 heißt es: »Die deutsche Staatsangehörigkeit darf nicht entzogen werden.« Davor steht jedoch erst einmal die Frage: Wie wird man überhaupt Deutscher? Und könnte es vielleicht unterschiedliche Formen von Staatsangehörigkeiten geben? Zumindest in dieser Hinsicht hilft Artikel 16 weiter.

Die Formulierung lautet: »*Die* deutsche Staatsbürgerschaft ...«. Daraus kann man ableiten: Es kann nur eine geben. Befristete, bedingte, eingeschränkte, vorläufige Staatsangehörigkeiten darf es nicht geben, denn sie würden letztlich zu diskriminierenden Unterscheidungen führen.

Vielleicht wäre es schön, wenn die Frage, wer Deutscher ist, jedes Kind beantworten könnte. So einfach ist es aber nicht, und so einfach war es auch noch nie. All jenen, die etwas anderes glauben, sei die Lektüre des Staatsangehörigkeitsgesetzes von 1913 empfohlen.

Es ist kein Stückchen weniger kompliziert als die aktuelle Fassung und hat seither etliche Änderungen erfahren. Über die letzten Modifikationen gibt die dabei etwas hilflos wirkende Homepage des Auswärtigen Amtes Auskunft:

»Mit dem am 01.01.2000 in Kraft getretenen, grundsätzlich überarbeiteten Staatsangehörigkeitsgesetz hat es erhebliche Änderungen im deutschen Staatsangehörigkeitsgesetz gegeben. Weitere Überarbeitungen hat das Staatsangehörigkeitsgesetz mit dem Inkrafttreten des Zuwanderungsgesetzes zum 01.01.2005 und zum 28.08.2007 erfahren. Am 20.12.2014 ist das Zweite Gesetz zur Änderung des Staatsangehörigkeitsgesetzes in Kraft getreten, das die Optionsregelung für in Deutschland geborene Kinder ausländischer Eltern neu regelt.«

Wer also wissen will, wer Deutscher ist, wer es werden kann und ob das so seine Richtigkeit hat, muss im Gesetz nachsehen, nicht in der Fußgängerzone.

Der Sehnsucht nach Einfachheit verleiht auch der erste Satz des Staatsangehörigkeitsgesetzes in seiner aktuellen Fassung Ausdruck: »Deutscher im Sinne dieses Gesetzes ist, wer die deutsche Staatsangehörigkeit besitzt.« Das ist eine schöne, knappe Definition, mit der aber zugegebenermaßen noch nicht viel erklärt ist. Wie kommt man an die deutsche Staatsbürgerschaft?

Das Gesetz nennt fünf Fallgruppen und regelt darüber hinaus eine unübersichtlich große Zahl von Sonderfällen.

Die weitaus meisten von uns werden »durch Geburt« Deutsche. Nur, was heißt das? Geboren werden alle Menschen, aber nicht alle Menschen werden als Deutsche geboren. Wann also wird man als Deutscher geboren? Auch diese Antwort ist noch einfach: Wenn ein Elternteil Deutscher ist. Weil die Staatsangehörigkeit an die Abstammung geknüpft ist, nennt man sie in dieser Form mit einem lateinischen Rechtsbegriff ius sanguinis (»Recht des Blutes«). In anderen Staaten, zum Beispiel den USA, folgt die Staatsbürgerschaft dem ius soli, dem »Recht des Bodens«, was bedeutet: Staatsbürger ist, wer auf Staatsgebiet geboren wird.

In einem Land mit homogener, sesshafter Bevölkerung würde das ius sanguinis kaum zu Problemen führen. In Deutschland haben jedoch mittlerweile 22,5 Prozent der Bevölkerung einen Migrationshintergrund, die Tendenz ist steigend. Viele von ihnen besitzen die deutsche Staatsbürgerschaft. Bei den anderen stellt sich zunächst die Frage, ob es für sie überhaupt möglich sein soll, sie zu bekommen, und, falls ja, unter welchen Bedingungen.

Artikel 16 gibt darauf keine Antworten, auch das Grundgesetz im Ganzen nicht. Zwar ist dort an vielen Stellen vom »Volk«, vom »Deutschen Volk« und von »Deutschen« die Rede. Wer aber dazugehören soll, legt die Verfassung nicht fest. Dies kann nur als Auftrag an den Gesetzgeber verstanden werden, dies (immer wieder von Neuem) zu definieren.

Ausgehend von dieser Überlegung stellt das Bundesverfassungsgericht fest: »Das Staatsangehörigkeitsrecht ist [...] der Ort, an dem der Gesetzgeber Veränderungen in der Zusammensetzung der Einwohnerschaft der Bundesrepublik Deutschland im Blick auf die Ausübung politischer Rechte Rechnung tragen kann. [...] etwa dadurch, dass denjenigen Ausländern, die sich auf Dauer in der Bundesrepublik aufhalten und der deutschen Staatsgewalt mithin in einer den Deutschen vergleichbaren Weise unterworfen sind, der Erwerb der deutschen Staatsangehörigkeit erleichtert wird.«

Dieser Erwerb der deutschen Staatsangehörigkeit könnte als Zielvorstellung von gelungener Integrationspolitik gesetzt werden. Es dürfte allerdings schwer möglich sein, von zukünftigen Bundesbürgern Nachweise gesinnungsmäßiger oder kultureller Integration zu verlangen, die auch von »geborenen Deutschen« nicht erwartet werden.

Wer die deutsche Staatsangehörigkeit einmal besitzt, dem darf sie nicht durch einen staatlichen Willkürakt wieder genommen werden. Das bestimmt Artikel 16. Gegen seinen Willen darf einem Deutschen die Staatsbürgerschaft überhaupt nicht entzogen werden, wenn er dadurch staatenlos würde. Ohne Willen des Betroffenen kann die deutsche Staatsbürgerschaft nur verloren werden, wenn jemand eine andere annimmt und nicht zur Führung beider berechtigt ist. Ein Kind verliert die deutsche Staatsangehörigkeit, wenn es von einem Ausländer adoptiert wird. Auch wer in die Armee eines anderen Landes eintritt, dessen Staatsbürgerschaft er ebenfalls besitzt, verliert die deutsche.

Daneben besteht noch die Möglichkeit des Verzichts. Die Erklärung, die deutsche Staatsbürgerschaft abgeben zu wollen, spielt beim sogenannten Optionsmodell eine Rolle. Hier wird Angehörigen zweier oder mehrerer Staaten das Recht gewährt, die deutsche Staatsbürgerschaft zu behalten, wenn sie bis zu einem bestimmten Zeitpunkt erklären, ob sie diese oder eine andere beibehalten wollen.

Artikel 16 verbietet generell die Auslieferung Deutscher an das Ausland. Innerhalb der Europäischen Union gilt dies allerdings seit dem Jahr 2000 nicht mehr. So müssen deutsche Straftäter an Mitgliedstaaten oder an einen internationalen Gerichtshof ausgeliefert werden, soweit rechtsstaatliche Grundsätze gewahrt sind.

»Das Land, das die Fremden nicht beschützt, geht bald unter.« – Asylrecht

Das Zitat in der Überschrift ist von Johann Wolfgang von Goethe. Während der Flüchtlingskrise 2015 wurde es in den sozialen Netzwerken unzählige Male geteilt und gelikt, als Beweis dafür, dass »schon Goethe wusste ...«. Aber wusste er tatsächlich? Der Satz stammt aus seiner Gedichtsammlung »West-östlicher Divan«. Goethe paraphrasiert darin das Grußwort des persischen Botschafters Mirza Aboul Hassan Khan in Petersburg 1814: »Willst du einen guten Namen erwerben, so behandle mit Achtung Kaufleute und Gesandte. Die Großen behandeln Reisende wohl, um sich einen guten Ruf zu machen. Das Land, das die Fremden nicht beschützt, geht bald unter. Sei ein Freund der Fremden und Reisenden, denn sie sind als Mittel eines guten Rufs zu betrachten; sei gastfrei, schätze die Vorüberziehenden, hüte dich, ungerecht gegen sie zu sein. Wer diesen Rat des Gesandten befolgt, wird gewiss Vorteil davon ziehen.«

Fremde gut zu behandeln ist hier kein Selbstzweck, sondern dient dem Erwerb eines guten Rufs und guten Geschäften. Nicht von ungefähr ist deshalb besonders von Kaufleuten die Rede. Der gleiche Gedanke findet sich fast genau sechshundert Jahre früher, 1215, auch schon in der Magna Carta: »Alle Kaufleute sollen sicheres Geleite haben, nach England zu können oder

dasselbe zu verlassen; dort zu bleiben und durchzu-
reisen [...].«

Doch was haben diese Zitate mit der heutigen Flüchtlingskrise und unseren Debatten um politisches Asyl
zu tun? Schließlich geht es heute nicht um Kaufleute
und Gesandte, sondern um sehr, sehr viele, größtenteils
arme Menschen in Not, die zunächst einmal nichts weiter im Sinn haben, als ihre Haut zu retten. Der Zusammenhang besteht in der selbst auferlegten Pflicht, groß-
zügig zu sein.

Der Staatsrechtler Carlo Schmid, einer der wesentlichen Gestalter des Grundgesetzes, sagte über das Asylrecht: »Die Asylgewährung ist immer eine Frage der
Generosität, und wenn man generös sein will, muss
man riskieren, sich gegebenenfalls in der Person geirrt
zu haben.« Eine bewundernswert elegante Aussage, deren Tiefe und Weitsicht einlädt, sich ein wenig mit ihr
zu beschäftigen.

Dem Satz »Politisch Verfolgte genießen Asylrecht«
war in der ursprünglichen Fassung der Grundrechte
kein eigener Artikel vorbehalten. Er stand ganz am
Schluss von Artikel 16 Absatz 2. Jener Vorschrift also,
die Bürger vor einer willkürlichen Aberkennung ihrer
Rechte durch Ausbürgerung und Auslieferung schützt.
Der Satz »Politisch Verfolgte genießen Asylrecht« bildet das Gegenstück dazu: Ausgebürgerte, Ausgelieferte,
Verjagte oder Geflohene aus anderen Staaten »genießen« in Deutschland Asylrecht, sofern sie politisch verfolgt sind.

Dass hier von Genuss die Rede ist, scheint mir keine
unglückliche Wortwahl. In ihr findet sich vielmehr das
wieder, was Carlo Schmid als Generosität bezeichnet.

Es war für den Grundgesetzgeber nicht verpflichtend,
ein solches Grundrecht zu gewähren, und dennoch tat

er es. Eine weitreichende Entscheidung, da Grundrechte in ihrem Wesensgehalt nicht ohne Weiteres geändert werden dürfen, mit anderen Worten: Man war sich bewusst, dass man hier ein verbindliches Versprechen an einen unbestimmten, möglicherweise großen Kreis von Menschen aussprach. Dieses Versprechen kam von einem Land, das weitgehend zerstört war. Viele seiner Bewohner kämpften um das materielle Überleben. 12,5 Millionen Vertriebene aus den Ostprovinzen wurden 1950 auf dem Gebiet der Bundesrepublik und der DDR gezählt, die weitaus meisten von ihnen waren mittellos.

Die Weltordnung war unsicher wie nie zuvor, und wie sich Deutschland wirtschaftlich und politisch entwickeln würde, war nicht abzusehen. Die Generosität, von der Schmid sprach, bedeutete keineswegs, wir gewähren politisch Verfolgten Asyl, weil wir es uns leisten können. Es bedeutete, wir tun es, weil wir uns aus humanitären Gründen dazu entschließen wollen.

Üblicherweise wird diese Selbstverpflichtung mit den Erfahrungen der NS-Zeit begründet, als Millionen von Menschen aus Deutschland fliehen mussten, in der Hoffnung, anderswo aufgenommen zu werden. Es ist jedoch unzureichend, in dem Grundrecht auf Asyl nur einen Reflex auf das durch den Nationalsozialismus begangene Unrecht zu sehen. So argumentieren auch diejenigen, welche darin eine Art Bußvorschrift zur Wiedergutmachung sehen.

Das Asylrecht stand und steht jedoch im Einklang mit dem Bekenntnis zu Menschenwürde und Menschenrechten, wie es in Artikel 1 des Grundgesetzes formuliert ist. Doch damit nicht genug.

Der zweite Teil von Schmids Aussage ist nicht weniger bemerkenswert: »Wenn man generös sein will, muss man riskieren, sich gegebenenfalls in der Person geirrt zu haben.« Wer Asyl gewährt, geht in Vorleistung. Er bietet zuerst Schutz und fragt dann erst nach den Gründen. Werden diese Gründe nicht gebilligt, handelt es sich nicht um einen Fehler des Asylsuchenden, sondern um einen eigenen Irrtum. Die Verantwortung für das, was später hetzerisch als »Asylmissbrauch« angeprangert wird, lädt Schmid somit auf denjenigen, der Asyl gewährt, nicht auf den, der es sucht.

So viel menschlicher und politischer Edelmut steckt in dem Satz »Politisch Verfolgte genießen Asylrecht«. Zu viel für die politische Realität der Bundesrepublik.

Es ist keineswegs so, dass das politische Asyl bis zur Wiedervereinigung keine Rolle gespielt hätte, wie heute gern behauptet wird. Hier ein kleiner Rückblick in die späten Siebzigerjahre. In einem Artikel des *Spiegel* vom 18. Februar 1980 finden sich bis hin zur Wortwahl bereits alle wesentlichen Stereotype, welche die Debatte auch heute bestimmen.

»Asylheischende Eritreer«, so wird dort berichtet, reisten aus sicheren Drittländern ein, obwohl sie dort bereits Aufnahme gefunden hätten, was schon damals einem erfolgreichen Asylverfahren in der Bundesrepublik entgegenstand. Der damalige baden-württembergische Ministerpräsident Lothar Späth (CDU) beschwört eine unkontrollierbare »Schein-Asylanten-Lawine« und moniert das lasche Vorgehen der Bundesbehörden an den Grenzen.

Der »Ansturm« der Asylbewerber, so der Artikel weiter, führe zur Überfüllung von Heimen und Notunterkünften, was die Unterbringung in »feinen Hotels« erforderlich mache. Ein Landesminister fragt, ob der Bund »weiterhin tatenlos zusehen wolle, wie das Land mit unechten Asylbewerbern überschwemmt werde«.

Den Vorschlag »der Union [...], die rasch steigend Flut von Asylbewerbern aus aller Welt möglichst schon an den Grenzen einzudämmen – statt, wie bisher, die Flüchtlinge erst einmal ins Land zu lassen und den Asylanspruch dann in einem langwierigen Rechtsverfahren feststellen zu lassen«, gibt es auch damals schon.

Ministerpräsident Späth orakelt: »Dem offensichtlichen Missbrauch des deutschen Asylrechts [...] muss endlich Einhalt geboten werden«, er befürchte sonst »bürgerkriegsähnliche Diskussionen« und »Ausländerfeindlichkeit«.

Zuwanderer, da ist man sich einig, würden »angelockt« von »üppigen Sozialhilfesätzen« und dem liberalen deutschen Asylrecht, daher der Anstieg der Asylanträge von 33 136 im Jahr 1977 auf ungefähr 51 493 im Jahr 1979.

Auch schon vor knapp vierzig Jahren galt: Wo die Generosität, von der Carlo Schmid sprach, in Anspruch genommen werden will, folgt unweigerlich der Aufschrei, es werde »Asylmissbrauch« betrieben. Seither haben sich die Dinge jedoch auf kaum vorherzusehende Weise zugespitzt.

Die Wiedervereinigung Deutschlands, der Zusammenbruch der Sowjetunion und der Bürgerkrieg in Jugoslawien haben in der Zeit von 1989 bis 1993 eine völlig veränderte Situation geschaffen. Es wurden mehr und mehr Asylanträge gestellt, 1992 waren es 438 191, 1993 322 599.

Schon seit den Siebzigerjahren war das Asylrecht immer wieder reformiert worden mit dem Ziel einer Beschleunigung der Verfahren und einer Einschränkung der Rechtsmittel, also der Möglichkeit, Verwaltungs- und Gerichtsentscheidungen durch höhere Gerichte überprüfen zu lassen. Nun aber sah man sich gezwungen, eine grundsätzliche Reform des Asylrechts mit weitreichenden Beschränkungen vorzunehmen, die man nicht mehr mit einfachen Gesetzen beschließen konnte.

1993 stimmten Bundestag und Bundesrat jeweils mit Zweidrittelmehrheit für die gravierendste Änderung der Verfassung seit ihrem Bestehen. Ein neuer Artikel wurde eingefügt, der Artikel 16a. Sein erster Absatz ist identisch mit dem bis dahin letzten Satz des Artikels 16 alter Fassung: »Politisch Verfolgte genießen Asylrecht.« Doch die folgenden vier Absätze schränken seinen Wirkungsbereich drastisch ein.

Dass der erste Satz noch immer heißt »Politisch Verfolgte genießen Asylrecht«, ist allerdings mehr als eine Wiederholung. Es ist, trotz aller nachfolgenden Einschränkungen, auch ein Bekenntnis. Wir sind es gewöhnt, von Flüchtlingen, Asylbewerbern, Asylsuchenden und so weiter ausschließlich im Plural zu sprechen. Das Grundgesetz selbst spricht von »politisch Verfolgten« in der Mehrzahl. Darüber gerät leicht in Vergessenheit, dass wir jedem Einzelnen das individuelle Recht zugestehen, seinen besonderen Fall prüfen zu lassen.

Noch immer kann jeder, der nach Deutschland kommt, einen Asylantrag stellen, über den entschieden werden muss. Selbst wenn aus Sicht der entscheidenden Behörde noch so klar sein mag, dass ein Antrag keine Aussicht auf Erfolg hat, ist schon das Recht, den Antrag zu stellen, notwendiger Bestandteil des Grundrechts und nicht etwa missbräuchlich. Auch nach der Ablehnung eines Asylantrags kann behördlich eine zeitlich befristete Duldung »aus völkerrechtlichen oder humanitären Gründen« ausgesprochen werden. Selbst eine Aufenthaltserlaubnis für längere Dauer kann aus diesen

Gründen gewährt werden. Für Flüchtlinge hat somit das Aufenthaltsrecht praktisch oft größere Bedeutung als das Grundrecht auf Asyl.

Die Anzahl der Asylanträge, die in Deutschland gestellt wurden, sind in den letzten Jahren drastisch gestiegen. 2015 waren es 476 649, 2016 745 545. Angesichts solcher Zahlen schrieb der Journalist Jasper von Altenbockum in der *Frankfurter Allgemeinen Zeitung* im November 2015: »Abschottung ist kein Frevel.« Das mag sein, aber wir haben etwas anderes versprochen. Wer in seiner Verfassung politisches Asyl garantiert und Abschottung praktiziert, sollte darüber nachdenken, was er denn eigentlich will.

Wer dies angesichts Hunderttausender Flüchtender in akuter Not fordert, wird erklären müssen, warum die Sätze »Die Würde des Menschen ist unantastbar« und »Politisch Verfolgte genießen Asyl« offenbar nicht das bedeuten sollen, was sie aussagen. Der Hinweis darauf, dass diejenigen Länder, durch welche die Flüchtlinge zu uns gekommen sind, sie entgegen ihrer Verpflichtung nicht aufgenommen haben, beseitigt nicht das, worauf wir uns selbst verpflichtet haben.

Wer im Zusammenhang mit Flüchtlingen von »Flut«, »Schwemme«, »Lawine« und Ähnlichem spricht, redet auch gern vom »ungeregelten Zuzug«. Der Eindruck, das Asylrecht, das Ausländerrecht überhaupt, sei in Deutschland uneinheitlich, verworren, schlecht oder überhaupt nicht geregelt, hält einer sachlichen Überprüfung nicht stand. Dass dennoch so darüber gedacht wird, mag daran liegen, dass der Ablauf des Asylverfahrens zu wenig bekannt ist. Auf der Homepage des Bundesamts für Migration und Flüchtlinge kann man sich einen guten Eindruck davon verschaffen.

Am Anfang steht die Registrierung der Asylsuchenden im Ausländerzentralregister bei ihrer Ankunft in Deutschland, nach der sie ihren Ankunftsnachweis erhalten. Mit ihm bekommen sie Zugang zu Verpflegung, Unterkunft und medizinischer Versorgung. Die Erstverteilung in Aufnahmeeinrichtungen ist zentral organisiert und erfolgt nach freien Kapazitäten. Die Asylsuchenden erhalten Hilfestellung, um ihren persönlichen Asylantrag zu stellen. Erst wenn dies geschehen ist, bekommen sie eine Bescheinigung über eine räumlich auf einen Bezirk beschränkte Aufenthaltsgestattung.

Die Bearbeitung des Asylantrags beginnt mit dem sogenannten Dublin-Verfahren: der Prüfung der Zuständigkeit, die sicherstellen soll, dass nur *ein* Asylantrag in den Mitgliedsstaaten des »Dublin-Raums« (EU, Norwegen, Island, Schweiz und Liechtenstein) anhängig ist. Ist der in Deutschland gestellte Asylantrag demnach zulässig, kommt es zu einer persönlichen Anhörung, die dem Asylsuchenden, nötigenfalls mithilfe eines Dolmetschers und mit rechtlicher Unterstützung, Gelegenheit gibt, seinen Asylantrag zu begründen.

Auf Grundlage der Anhörung entscheidet das Bundesamt für Migration und Flüchtlinge. Folgende Ergebnisse sind möglich:

Der Antragsteller erhält politisches Asyl nach § 16a Grundgesetz.

Dem Antragsteller wird Flüchtlingsschutz nach § 3 Asylgesetz zuerkannt. Er ist damit als Flüchtling im Sinne der Genfer Konvention anerkannt. Nur wer unter diese Vorschrift fällt, ist übrigens »Flüchtling« im Rechtssinn.

Dem Antragsteller wird »subsidiärer Schutz« nach § 4 Asylgesetz gewährt, wenn er »stichhaltige Gründe für die Annahme vorgebracht hat, dass ihm in seinem Herkunftsland ein ernsthafter Schaden droht«.

Es wird festgestellt, dass der Antragsteller nicht abgeschoben werden darf, weil humanitäre Gründe oder politische Interessen der Bundesrepublik Deutschland dagegensprechen (§ 60 Aufenthaltsgesetz).

In allen anderen Fällen wird der Antrag abgelehnt.

Auch was die Rechtsfolgen dieser fünf möglichen Entscheidungen betrifft, herrscht Klarheit.

Wer politisches Asyl nach Artikel 16 a des Grundgesetzes erhält oder als Flüchtling nach § 3 Asylgesetz anerkannt wird, bekommt eine Aufenthaltserlaubnis für drei Jahre. Nach drei Jahren kann eine Niederlassungserlaubnis folgen. Sie kann gewährt werden, wenn ausreichende Deutschkenntnisse und der Lebensunterhalt gesichert sind. Dieser Personenkreis erhält unbeschränkten Zugang zum Arbeitsmarkt und einen Anspruch auf Familiennachzug.

Wer subsidiären Schutz erhält oder ein Abschiebungsverbot für sich beanspruchen darf, bekommt eine einjährige Aufenthaltserlaubnis, die verlängert werden kann.

Es versteht sich von selbst, dass es bei jedem einzelnen dieser Verfahrensschritte zum Teil gravierende Schwierigkeiten gibt. An vielen Stellen wurden in den vergangenen Jahren zeitweise die Grenzen der Belastbarkeit erreicht. Aber das Verwaltungshandeln von Behörden, die ihren Verfassungsauftrag ernst nehmen, als besinnungsloses Tun von »Gutmenschen« zu verunglimpfen, ist haltlose Polemik. Wer sie übt, muss den ersten Schritt vor dem zweiten tun und erklären, dass er zentrale Grundsätze unserer Verfassung für entbehrlich hält.

Die Zuwanderung hat man bisher vor allem durch die Beschränkung des Asylrechts gesteuert. Die Ergänzung des Grundgesetzes durch den neu geschaffenen Artikel 16a im Jahr 1993 war eine entscheidende Zäsur. Die Absätze 2 bis 5 des Artikels 16a bestimmen, dass Ausländer, die über Staaten der EU oder sichere Drittstaaten nach Deutschland einreisen, kein Asylrecht beanspruchen können. Da Deutschland von EU-Ländern und sicheren Drittstaaten umgeben ist, geht diese Einschränkung denkbar weit. Darüber hinaus wurde der Terminus des »sicheren Herkunftsstaats« geschaffen. Ein Asylsuchender, der aus einem solchen Land kommt, trägt die Beweislast dafür, dass er dennoch politischer Verfolgung ausgesetzt war. Außerdem wurde der Rechtsschutz, also die Möglichkeit, sich gegen fehlerhafte Verwaltungs- und Gerichtsentscheidungen zu wehren, eingeschränkt.

Das Bundesverfassungsgericht, das alsbald über die Rechtmäßigkeit der Änderung zu entscheiden hatte, hielt Artikel 16a für verfassungskonform. Zwar finde die Idee von der Unantastbarkeit der Menschenwürde ihren Ausdruck auch im Asylrecht, notwendig sei dies jedoch nicht und der Gesetzgeber deshalb grundsätzlich frei, solche Änderungen vorzunehmen.

Die Begründung macht aber auch klar, dass die Frage, wie sich Deutschland zur politischen Verfolgung in anderen Staaten zu verhalten hat, damit keineswegs abschließend beantwortet ist. Dem Asylrecht, so das Gericht, liegt »die von der Achtung der Unverletzlichkeit der Menschenwürde bestimmte Überzeugung zugrunde, kein Staat habe das Recht, Leib, Leben oder persönliche Freiheit aus Gründen zu gefährden oder zu verletzen, die allein in der politischen Überzeugung, in der religiösen Grundentscheidung oder in unverfügbaren Merkmalen« liegen. (Unter »unverfügbaren Merkmalen« sind zum Beispiel Hautfarbe, ethnische Zugehörigkeit, sexuelle Orientierung zu verstehen.)

War damit das Problem fürs Erste gelöst? Die Anzahl der Asylanträge ging von 1994 an wieder zurück und erreichte Mitte der 2000er-Jahre einen Tiefststand. 2008 wurden nur noch 28 018 Asylanträge gestellt. Die Flüchtlingskrise sieben Jahre später führte jedoch zu einem Paradigmenwechsel. Seither hat die Diskussion eine neue Qualität angenommen. Es geht nicht mehr allein um Asylrecht und um Zuwanderung, sondern um das Selbstverständnis Deutschlands schlechthin. Je stärker Migration als Bedrohung der eigenen Identität empfunden wird, desto heftiger wird in weiten Teilen der Bevölkerung die Abwehrhaltung.

Die Flüchtlingskrise hat deutlich gemacht: Eine stets weitergehende Einschränkung des Asylrechts ist ein verfehltes Mittel. Die Unehrlichkeit, die darin liegt, tritt immer offener zutage. Die Asyldebatte wird vom falschen Ende her geführt. Wem das Bekenntnis zu Menschenrechten, Menschenwürde und Asylrecht zu weit geht, der sollte sich nicht auf seine »Sorge um das Grundgesetz« berufen, wenn er sich gegen die Aufnahme von Flüchtlingen ausspricht. Das Grundgesetz steht genau für diese Werte, die durch die Flüchtlingskrise in die Kritik geraten und denunziert worden sind.

Gegenwärtig erleben wir eine Veränderung des politischen Klimas in Europa, von dem vor allem diejenigen profitieren, die so tun, als seien weltweite Flucht, Vertreibung und Migration Phänomene, die sich durch Parolen beeinflussen oder sogar steuern ließen und von denen wir verschont bleiben könnten, wenn wir nur energisch genug dagegen polemisierten.

Nach dem Zweiten Weltkrieg, in einer Welt und in einer Zeit, die viel weniger Anlass bot, daran zu glauben, verpflichtete man sich auf die Achtung der Menschenrechte als oberste Leitlinie staatlichen Handelns.

Dass wir dies auch für unsere Zeit wollen, versteht sich nicht von selbst. Es ist eine Entscheidung, die wir treffen müssen. Die Zuwanderungspolitik wird so zur Wahrheitsprobe für die Grundrechte.

»Einmal alle vier Jahre ein Kreuzchen machen, und das war's dann!« – Mitwirkungsmöglichkeiten in der parlamentarischen Demokratie

In diesem Kapitel will ich die Möglichkeiten aktiver politischer Mitwirkung beschreiben, die das Grundgesetz vorsieht. Einige davon werden als Grundrechte geschützt, und einige wurden schon behandelt, etwa das Versammlungsrecht, das Vereinigungsrecht und die Meinungsfreiheit.

Das wichtigste Mitwirkungsrecht sind zweifellos die Wahlen. Wenn ich an die letzten Wahlen denke, fallen mir als Erstes all die Beschwerden ein, die ich darüber gehört habe.

»Wenn Wahlen etwas ändern würden, wären sie verboten.«

»Ich gehe nicht wählen.«

»Wen soll ich wählen? Eigentlich ist mir keine der Parteien, die da zur Wahl stehen, richtig sympathisch. Und die Leute, die für sie antreten, schon gar nicht.«

»Die Politiker halten sowieso nicht, was sie im Wahlkampf versprechen.«

»Wir brauchen mehr direkte Demokratie.«

Vielleicht ist es am besten, diese Aussagen Stück für Stück abzuarbeiten. Der Satz »Wenn Wahlen etwas ändern würden, wären sie verboten« besagt im Grunde,

Wahlen seien nicht demokratisch. Stimmt das? Zumindest sind Wahlen nicht zwingend demokratisch. Auch jede Diktatur hält Wahlen ab, um sich den Anschein von Rechtmäßigkeit zu geben. Sofern sich eine Regierung nicht auf göttliche Legitimation berufen möchte, will sie von sich behaupten können, den Volkswillen zu repräsentieren.

Das wollte etwa auch die Regierung der Deutschen Demokratischen Republik. Die in der Volkskammer der DDR vertretenen Parteien und Verbände bildeten nach einem zuvor festgelegten Verteilungsschlüssel die »Nationale Front«. Sie allein konnte man wählen, zum Beispiel bei der Volkskammerwahl 1986. Teilnahme war selbstverständlich Pflicht. Daher lag die Wahlbeteiligung auch bei 99,74 Prozent. Der Anteil der abgegebenen Stimmen für die Nationale Front lag bei 99,94 Prozent. Man hätte auch dagegenstimmen oder absichtlich einen ungültigen Stimmzettel abgeben können. Politisch hätte man damit sicher nichts erreicht, sich aber sehr wahrscheinlich jede Menge Ärger eingehandelt. Wie aussagekräftig derartige Ergebnisse sind, belegt am eindrucksvollsten die Tatsache, dass drei Jahre nach dieser Wahl unter dem Protest des Volkes das gesamte System zusammenbrach.

Bis in die jüngste Gegenwart gibt es weltweit Wahlen, die den Anschein demokratischer Verhältnisse erwecken wollen und doch nur ein Beweis des Gegenteils sind, wie zum Beispiel Nordkorea, Simbabwe oder Ruanda. Die Organisation für Sicherheit und Zusammenarbeit in Europa, OSZE, entsendet weltweit Wahlbeobachter. Sie schreiben detaillierte Berichte über Wahlen und veröffentlichen sie auf ihrer Homepage, wo sie kostenlos für jeden zugänglich sind.

Auch zu den Bundestagswahlen in Deutschland kommen Wahlbeobachter der OSZE. Ihre Berichte stellen dem deutschen Wahlsystem gute Noten aus. Nur vereinzelt formulieren sie Verbesserungsvorschläge.

Was macht das deutsche Wahlsystem wahrhaft demokratisch? Artikel 20 Absatz 1 des Grundgesetzes sagt: »Die Bundesrepublik Deutschland ist ein demokratischer und sozialer Bundesstaat.« Spätestens seit der Erfahrung mit der DDR wissen wir, dass nicht unbedingt demokratisch sein muss, was sich demokratisch nennt.

Hilft Artikel 20 Absatz 2 weiter? Vielleicht: »Alle Staatsgewalt geht vom Volke aus. Sie wird vom Volke in Wahlen und Abstimmungen […] ausgeübt.«

Man muss diese beiden Sätze zusammen lesen. Nur so ergeben sie die ganze Wahrheit. Das Volk übt die Staatsgewalt allein durch Wahlen und Abstimmungen aus. Worin besteht der Unterschied zwischen Wahlen und Abstimmungen? Wahlen sind personenbezogen, Abstimmungen sachbezogen. Volksabstimmungen gibt es auf Landes- und Gemeindeebene, aber nicht auf Bundesebene. Alle Staatsgewalt geht auf Bundesebene also allein dadurch »vom Volke« aus, dass die wahlberechtigten Bundesbürger den Bundestag wählen. Dies liegt jedoch keineswegs an einer im Nachhinein entstandenen Fehlinterpretation des Grundgesetzes, sondern war von Anfang an der Plan.

Das Grundgesetz spricht einfach nur von »Wahlen«, es sagt aber nicht, nach welchem System sie durchzuführen sind. Diese Frage ist weit weniger trivial, als sie auf den ersten Blick scheinen mag, denn die gleiche Stimmabgabe kann je nach Wahlsystem zu völlig unterschiedlichen Ergebnissen führen. Von selbst versteht sich, dass Wahlsysteme ausscheiden, in denen einzelne Stimmen unterschiedlich gewichtet werden, wie es etwa im Preußischen Dreiklassenwahlrecht der Fall war. Dort hatten Stimmen von Wählern, die höhere Steuern zahlten, größeres Gewicht. Für Wahlen nach dem Grundgesetz kommen nur Wahlsysteme infrage, die das Prinzip »One man, one vote«, also die Wahlgleichheit, anerkennen. Allgemein, unmittelbar, frei, gleich und geheim müssen die Wahlen sein, so Artikel 38 Absatz 1 Satz 1 des Grundgesetzes.

»Allgemein« bedeutet, alle Staatsbürgerinnen und Staatsbürger des jeweiligen Wahlgebiets müssen Zugang zu den Wahlen haben. Dies gilt mit nur zwei Einschränkungen. Es dürfen nur Deutsche wählen, und sie müssen volljährig sein, also über achtzehn. Letzteres gilt sowohl für das aktive Wahlrecht, das Recht zu wählen, als auch für das passive Wahlrecht, das Recht, gewählt zu werden.

»Unmittelbar« heißt, die Abgeordneten dürfen nicht von Wahlmännern oder einem anderen zwischengeschalteten Gremium bestimmt werden. Der Wähler muss auf dem Wahlzettel erkennen können, welche Personen sich zur Wahl stellen und wie er ihr Wahlergebnis positiv oder negativ beeinflussen kann.

»Frei« ist eine Wahl, wenn die Meinungsbildung zur Wahl und die Wahl selbst den Wählern Gelegenheit bieten, eine eigenständige Entscheidung zu treffen, frei von Druck, Zwang, Manipulation. Das schließt Wahlkampf und Wahlwerbung nicht aus, aber die Wähler müssen darüber informiert werden, dass es sich um subjektive Beiträge handelt, die von Wahlwettbewerbern kommen.

Die Wahl muss »gleich« sein bedeutet: Die Stimmen der Wähler müssen gleiches Gewicht haben, und die Kandidaten, die zur Wahl stehen, müssen formal die gleichen Chancen bekommen.

» Geheim « ist eine Wahl dann, wenn jeder Wähler die Möglichkeit besitzt, für sich zu behalten, wen oder welche Partei er gewählt hat.

Diese Kriterien helfen, Wahlen demokratisch zu machen, sie beantworten aber noch nicht die Frage, welches Wahlsystem von der Verfassung nun als das richtige betrachtet wird.

Der Politikwissenschaftler Dieter Nohlen ist Autor eines Lehrbuchs mit dem Titel » Wahlrecht und Parteiensystem «, das jedem die Augen öffnet, der denkt, Wahlverfahren seien eine Nebensächlichkeit für Formalisten. Ganz ohne Manipulation der Stimmabgabe können unterschiedliche Wahlverfahren zu ganz unterschiedlichen Wahlergebnissen führen. Nohlen bestimmt, nicht abschließend, zehn Wahlsysteme, von denen er die eine Hälfte der Mehrheitswahl, die andere der Verhältniswahl zurechnet.

Für unsere Zwecke hier genügt es, sich die wesentlichen Unterschiede zwischen diesen beiden Wahlverfahren ins Gedächtnis zu rufen. Wäre die Wahl zum Bundestag ausschließlich eine Verhältniswahl, bekämen die Parteien ihre Sitze nach dem prozentualen Verhältnis der Stimmen zugeteilt. Der Reichstag der Weimarer Republik (1919 bis 1933) wurde so gewählt. Es gab damals eine Sperrklausel von 0,2 Prozent, sodass im Grunde jede Partei, die auch nur die Stimmen für einen einzigen Sitz ergatterte, im Reichstag vertreten sein konnte.

Auf diese Weise gelangten bis zu fünfzehn Parteien ins Parlament, und keine von ihnen errang je die absolute Mehrheit. Die Bildung von Regierungen machte Koalitionen nötig, war deshalb schwierig und stellte sich oft als praktisch unmöglich heraus. Es kam folglich zu Neuwahlen. Allein zwischen 1928 und März 1933 fanden fünf Reichstagswahlen statt. Bei der letzten war Adolf Hitler schon Reichskanzler.

Die politische Instabilität war dem Machtzuwachs und schließlich der Machtergreifung durch die Nationalsozialisten sicher förderlich. Wurde aber diese Instabilität vom Verhältniswahlrecht hervorgerufen oder nur abgebildet? Eine eindeutige Antwort auf diese Frage wird sich nicht finden lassen.

Man kann jedoch festhalten, dass das Mehrheitswahlrecht diese Probleme nicht kennt. Hierbei wird das Wahlgebiet in Wahlkreise unterteilt. Jeder Wahlkreis entspricht einem Sitz im Parlament. In jedem Wahlkreis treten verschiedene Kandidaten gegeneinander an. Der mit den meisten Stimmen erhält den Sitz.

Dieses Wahlverfahren stärkt die stärkeren Parteien und macht die schwächeren beinahe unsichtbar. Im aktuellen Bundestag wurden 299 Sitze durch Direktmandat vergeben. Wäre die Bundestagswahl 2017 eine reine Mehrheitswahl gewesen, hätte sich folgende Sitzverteilung ergeben: Union 231, SPD 59, Linke 5, AfD 3, Grüne 1. Die FDP, die immerhin 10,7 Prozent der Wählerstimmen landesweit bekommen hat, wäre im Parlament nicht vertreten. Mit einer bequemen Dreiviertelmehrheit, die sie nach diesem Wahlsystem auch im Bundesrat bekäme, könnte die Union allein regieren und sogar Verfassungsänderungen nach Belieben im Alleingang vornehmen.

Der Nachteil dieses Systems ist offensichtlich. Es bildet das Wahlverhalten der Wähler nur höchst undifferenziert und unvollständig ab, und es billigt dem Wahlsieger eine Dominanz zu, die bei Weitem nicht der prozentualen Zustimmung in der Bevölkerung entspricht. Um ein ähnliches Ergebnis bei einer Verhältniswahl zu erreichen, müsste eine Partei 75 Prozent der

Wählerstimmen auf sich vereinen können, was bei freien Wahlen in Deutschland noch nie einer Partei gelungen ist. Der größte Nachteil am Mehrheitswahlrecht ist auch sein größter Vorteil: Es bringt eine starke, handlungsfähige Regierung hervor, die keine Kompromisse mit Koalitionspartnern aushandeln muss.

Nachdem sich das Grundgesetz nicht auf ein Wahlsystem festgelegt hat, wurde die Entscheidung im Bundeswahlgesetz getroffen. Dort heißt es, dass in Deutschland nach den Grundsätzen einer mit der Personenwahl verbundenen Verhältniswahl gewählt wird. Es ist so umständlich und kompliziert, wie es klingt, und führt doch dazu, dass wir gleichzeitig Personen und Listen wählen können.

Mit der Erststimme wählen wir einen Direktkandidaten in unserem Wahlkreis, mit der Zweitstimme die Wahlliste einer Partei.

Die Direktkandidaten in unserem Wahlkreis und die Liste der Parteien. Aus 299 Wahlkreisen ziehen diejenigen Kandidaten in den Bundestag, die dort jeweils die meisten Erststimmen erhalten haben. Zugleich werden die Zweitstimmen ausgezählt, mit denen die Landeslisten gewählt wurden, und das prozentuale Stimmenverhältnis der Parteien zueinander ermittelt.

Dann wird verglichen: Diejenigen Parteien, welche durch die Direktmandate einen höheren Prozentanteil an den Bundestagssitzen erhalten haben, als ihnen über die Landeslisten zustünde, erzielen Überhangmandate. Damit aber der prozentuale Proporz gewahrt wird, erhalten die anderen Parteien sogenannte Ausgleichsmandate.

Das ist noch längst nicht alles. Die Sitzverteilung nach Listen erfolgt jeweils für jede Partei nach den Ergebnissen der einzelnen Bundesländer. Das bis 2008 angewandte

Auszählungsverfahren wurde vom Bundesverfassungsgericht wegen eines bis dahin unbemerkt gebliebenen rechnerischen Systemfehlers für verfassungswidrig erklärt. Das an seine Stelle getretene Verfahren ist leider nicht mehr allgemein verständlich. Es kann dazu führen, dass der Bundestag immer größer wird. Mit nun 709 Mitgliedern ist er seit 2017 so groß wie noch nie.

Eine Reform des Wahlrechts erscheint dringend geboten. Ein durchschnittlicher Wähler sollte in der Lage sein, aus dem Wahlergebnis die Zusammensetzung des Parlaments ableiten zu können. Der ehemalige Bundestagspräsident Norbert Lammert meinte: »Nicht einmal eine Handvoll Abgeordneter des Deutschen Bundestages ist in der Lage, unfallfrei die Mandatsberechnung zu erklären.« Wenn dem so ist, wären sie auch nicht in der Lage, Manipulationen zu erkennen. Geschweige denn, dass die Wähler es könnten.

Ist das der Grund, warum viele sagen: »Ich gehe nicht wählen«? Ihre Einwände sind vermutlich in den meisten Fällen grundsätzlicherer Art. Auch im Nichtwählen kann man zunächst die Ausübung eines Grundrechts sehen, denn die Verfassung schützt die negative Wahlfreiheit: das Recht, seine Stimme nicht abzugeben. Eine Studie der Bertelsmann Stiftung mit dem Titel »Populäre Wahlen, Mobilisierung und Gegenmobilisierung der sozialen Milieus bei der Bundestagswahl 2017« zeichnet ein anderes Bild: »Die sozial gehobenen Milieus sind im Wahlergebnis deutlich überrepräsentiert und die sozial benachteiligten Milieus bleiben deutlich unterrepräsentativ. Auch die Ergebnisse der Bundestagswahl 2017 sind deshalb sozial nicht repräsentativ.« Und an anderer Stelle noch deutlicher: »Auch das Wahlergebnis der Bundestagswahl 2017 leidet damit unter einer starken sozialen Schieflage.«

Hinzu kommt, dass die AfD in den benachteiligten Milieus mit Abstand die besten Ergebnisse zu ver-
zeichnen hat, während die etablierten Parteien dort die
stärksten Einbußen hinnehmen mussten. Die Vermutung liegt nahe, dass sich Nichtwähler von der Teilnahme an Wahlen einfach nichts versprechen. Kein Gehör, keine politische Einflussnahme, keine Verbesserung
ihrer sozialen Lage. Ihre Skepsis gegen die parlamentarische Demokratie verbindet sie mit der AfD und der
Linken. Nichtwähler, AfD, Linke, das sind zusammen-
gerechnet deutlich über vierzig Prozent der Wahlberechtigten in Deutschland. Deshalb »die Demokratie in Gefahr« zu sehen wäre übertrieben. Aber es zeigt doch,
dass es erhebliche und weitverbreitete Vorbehalte gibt.

Eine große Zahl fühlt sich vom Parlament nicht
repräsentiert, und es gibt soziale Milieus, denen kein
Abgeordneter angehört. Man muss das nicht für einen
Systemfehler halten, um mit dem Ausruf mitfühlen zu
können:

»Wen soll ich wählen? Eigentlich ist mir keine der
Parteien, die da zur Wahl stehen, richtig sympathisch.
Und die Leute, die für sie antreten, schon gar nicht.«

Viele derer, die so denken, gehen schließlich zur
Wahl, nachdem sie einen Kompromiss mit sich selbst
gemacht haben, und geben ihre Stimmen so ab, wie sie
es am ehesten vertreten können. Den Schritt aber, selbst
Mitglied in einer Partei zu werden und aktiv am politischen Leben teilzunehmen, tun die wenigsten. Addiert
man die Mitgliederzahlen sämtlicher im Bundestag vertretenen Parteien, kommt man etwa auf 1,2 Millionen.
Angesichts von 62 Millionen Wahlberechtigten eine er-
staunlich geringe Zahl.

Daraus zu schließen, die Deutschen würden sich statt
um Politik und Gesellschaft lieber um ihre Privatange-

legenheiten kümmern, ginge jedoch fehl. Einer Studie zufolge sind 17,5 Millionen Menschen in Deutschland in 616000 zivilgesellschaftlichen Organisationen aktiv, die viele Bereiche des gesellschaftlichen Lebens betreffen, zum Beispiel »Sport, Theater und Musik, Kindertagesstätten, Wohn- und Pflegeheime, Umweltschutz und Hilfe für Tiere, lokales Engagement und internationale Zusammenarbeit, Feuerwehr und Rettungsdienste«, so die Bertelsmann Stiftung auf ihrer Homepage zur »ZiviZ«-Studie 2017, aus der die genannten Zahlen stammen. ZiviZ wiederum ist selbst ein gutes Beispiel für zivilgesellschaftliches Engagement. ZiviZ ist eine gemeinnützige Gesellschaft des Stifterverbands und dieser eine Vereinigung von etwa dreitausend Unternehmen und Privatpersonen, die sich die Förderung zivilgesellschaftlicher Projekte zur Aufgabe gemacht hat.

Das Engagement in politischen Parteien scheint den Deutschen ungleich schwerer zu fallen. »In die Politik gehen« ist für viele wohl eher eine Berufsentscheidung. Eine, die auch nicht unbedingt den besten Leumund hat. »Die Politiker halten sowieso nicht, was sie im Wahlkampf versprechen«, ist nur eine der Beschwerden, die oft zu hören sind. Dass Politik »ein schmutziges Geschäft« sei, denken wohl viele. Wir überlassen es lieber jenen, die sich professionell damit beschäftigen. Das Wort »Berufspolitiker« hat dennoch keinen eindeutig positiven Klang.

Die weitaus meisten Berufspolitiker sind die Abgeordneten, die wir in die Parlamente wählen. Das Gefühl, sie stünden in erster Linie ihren Wählern gegenüber in der Verantwortung, will sich allerdings nicht so recht einstellen. Das ist auch so gewollt.

Wahlen sind zwar personenbezogen, doch die Abgeordneten, die wir wählen, sind, egal welcher Partei sie angehören, »Vertreter des ganzen Volkes«, die »an Aufträge und Weisungen nicht gebunden« sind, sondern »nur ihrem Gewissen unterworfen«, so steht es in Artikel 38 Absatz 1 des Grundgesetzes.

Der Abgeordnete, den ich gewählt habe, ist also weder »mein« Abgeordneter noch einer der Partei, der er angehört. Er vertritt nicht nur seinen Wahlkreis und schon gar nicht nur die Interessen seiner Partei in seinem Wahlkreis. Er ist, wie alle seine Kollegen, ein Vertreter des ganzen Volkes. Weil er an Aufträge und Weisungen nicht gebunden ist, ist er völlig frei in seinen Entscheidungen.

Dass es besser ist, Vertreter in eigener Verantwortung handeln zu lassen, als sie haarklein mit Weisungen zu versehen, ist eine Kernthese der repräsentativen Demokratie.

Selbstverständlich war den Autoren des Grundgesetzes klar, dass Abgeordnete nicht »einfach so« gewählt werden. Jeder Bundestagskandidat gehört üblicherweise einer Partei an. Im Wahlkampf streitet er für deren Programm, obwohl er selbst vielleicht nicht alle Positionen darin vorbehaltlos richtig findet. In seinem Wahlkreis hat ein großes Unternehmen seinen Sitz. Seine Partei verspricht, den Wirtschaftszweig zu fördern, in dem es tätig ist. Das Unternehmen unterstützt die Partei mit einer Spende.

Natürlich ist der Bundestagskandidat, wenn er später einmal Abgeordneter ist, »nur seinem Gewissen unterworfen«. Aber sagt einem das Gewissen nicht auch, man solle sich für Unterstützung erkenntlich zeigen? Vielleicht hat sich unser Bundestagskandidat aus ganz anderen Gründen zur Wahl gestellt. Die Wirtschaftsförderung in seinem Wahlkreis war ihm gar nicht so sehr ein Herzensanliegen, und doch wird er, einmal im

Parlament, eifrig dafürstimmen, wenn seine Partei den entsprechenden Antrag einbringt. In der Realität wird ein Abgeordneter auf weitaus komplexere, konkretere, massivere Weise von allen möglichen Personen und Gruppierungen ins Visier genommen. Alle wollen das Wertvollste, was er hat: seine Stimme im Parlament. Seine Partei, seine Fraktion, die Lobbyisten, die sich für seine Wahl eingesetzt haben, wollen, dass er in ihrem Sinn abstimmt. Sie versprechen ihm Belohnungen, falls er es tut, und bedrohen ihn für den Fall, dass er es nicht tut. Beides muss nicht illegal sein.

Die »Belohnung« kann zum Beispiel darin bestehen, dass ein Abgeordneter, der die Interessen und Positionen seiner Fraktion besonders engagiert und geschickt vertritt, darin bald eine hervorgehobene Rolle spielen wird. Einem Abgeordneten, der sich der Fraktionsdisziplin nicht unterwirft, droht der Verlust seines guten Listenplatzes, der ihm die Wiederwahl garantiert.

Genau diese, hier sehr vereinfacht dargestellten Zusammenhänge sind es, die bei manchen Wählern den Eindruck erwecken, »die Politiker« kochten vor allem ihr eigenes Süppchen und kümmerten sich nicht genug um die Belange ihrer Wähler.

»Wir brauchen mehr direkte Demokratie« ist der Ruf, der an dieser Stelle an Überzeugungskraft gewinnt. Der schon zitierte Artikel 20 Absatz 2 Satz 1 sieht ganz ausdrücklich vor, dass die Staatsgewalt vom Volk »in Wahlen und Abstimmungen« ausgeübt wird. Auf der Ebene der Länder und Kommunen finden auch tatsächlich immer wieder Volksentscheide statt. Auf Bundesebene hat es das bisher noch nicht gegeben, obwohl die Verfassung dieses Instrument bereitstellt. Es wäre aber verkehrt, bundesweite Abstimmungen in der Absicht einzuführen, den »Fehler« der repräsentativen Ungebundenheit des

Parlaments zu korrigieren. Überhaupt gibt es keinen Grund, anzunehmen, Volksabstimmungen seien »demokratischer« als Wahlen.

Der Wunsch, selbst mehr bestimmen zu können, größeren politischen Einfluss zu haben, wird sich nur um den Preis des persönlichen Engagements verwirklichen lassen. Das Versprechen, mehr zu sagen zu haben, mag attraktiv klingen. Umsonst ist es nicht zu bekommen. Artikel 33 Absatz 2 gewährt immerhin allen Deutschen das Grundrecht, gleichen Zugang zu jedem öffentlichen Amt bekommen zu können – jedoch nur, sofern »Eignung, Befähigung und fachliche(n) Leistung« dafürsprechen.

Über die genannten Grundrechte hinaus, die politische Mitwirkungsmöglichkeiten garantieren, sind noch zwei weitere zu nennen: das Petitions- und das Widerstandsrecht. Das Erstgenannte hat große praktische Bedeutung, das Zweitgenannte nicht.

Artikel 17 des Grundgesetzes gibt jedem das Recht, »sich einzeln oder in Gemeinschaft mit anderen schriftlich mit Bitten oder Beschwerden an die zuständigen Stellen und an die Volksvertretung zu wenden«. Das Wort petitio bedeutet im Lateinischen sowohl die gerichtliche Klage, Anspruchsschrift, als auch die Bittschrift, das Gesuch. Mit einer Petition nach dem Grundgesetz werden keine gerichtlich einklagbaren Ansprüche verfolgt. Das Petitionsrecht folgt deshalb auch keiner strengen Prozessordnung, welche die Einhaltung bestimmter Formen und Fristen verlangt. Unter Juristen wird deshalb auch etwas despektierlich gesagt, Petitionen seien »form-, frist- und wirkungslos«.

Die Bevölkerung scheint das anders zu empfinden, denn Petitionen werden durchaus als sinnvolle Möglichkeit gesehen, jenseits des Rechtswegs auf Missstände hinzuweisen (»Beschwerden«) oder Verbesserungsvorschläge zu unterbreiten (»Bitten«). Wer von seinem Petitionsrecht Gebrauch macht, hat einen »Befassungsanspruch«, also das Recht, dass sich die zuständige Stelle damit beschäftigt. Dazu gehört auch das Recht, eine Antwort zu bekommen. Um seiner Anfrage Nachdruck zu verleihen, ist es nicht etwa missbräuchlich, sondern ausdrücklich erlaubt, zusammen mit vielen eine Vielzahl von Petitionen einzureichen.

Der Bundestag unterhält einen eigenen Petitionsausschuss, dessen Aufgabe die gewissenhafte Beratung und Beantwortung der dort eingehenden Petitionen ist. Der Petitionsausschuss ist gut beraten, keine floskelhaften oder herablassenden Antwortschreiben in die Welt zu schicken. Sie würden schnell den Weg in die Öffentlichkeit finden.

Ein Grundrecht mit symbolischer Bedeutung ist schließlich das Recht auf Widerstand, das Artikel 20 Absatz 4 gibt. Es wurde im Zuge der Notstandsgesetzgebung von 1968 eingefügt. Sollte eine Regierung, so vermutlich der Gedanke, die Kompetenzen der Notstandsgesetze nutzen, um die verfassungsmäßige Ordnung zu beseitigen, soll hiergegen Widerstand erlaubt sein. Nun fällt zunächst auf, dass es die Notstandsgesetze selbst sind, welche die verfassungsmäßige Ordnung in ganz erheblichem Umfang einschränken. Hinzu kommt, dass das Widerstandsrecht nur als letztes Mittel eingesetzt werden darf, erst wenn zum Beispiel auch der Rechtsweg durch alle Instanzen erfolglos war. Wer sich aber in einem Unrechtsregime erst durch alle Instanzen klagen muss, bevor er von seinem Widerstandsrecht Gebrauch machen darf, wird zum Widerstand nicht mehr kommen. Der Grundgesetzkommentar von Münch/Kunig bringt es auf den Punkt: »Artikel 20

Absatz 4 ist immer dann unanwendbar, wenn er angewendet wird.«

Damit ist auch klar, dass die Legitimität zivilen Unge-
horsams niemals aus dieser Vorschrift abgeleitet werden kann. Vielleicht lässt sich zumindest als Grund-
gedanke dieser Vorschrift retten, dass sich ein freier
Mensch dem Unrecht nicht zu beugen braucht. Dies
allerdings lässt sich wesentlich überzeugender aus Artikel 1 des Grundgesetzes und den Menschenrechten ableiten.

»Wo bleibt denn da der Rechtsstaat?« – Justizgrundrechte

Es versteht sich von selbst, dass wir alle in einem Rechtsstaat leben wollen, und jeder von uns hat eine ganz genaue Vorstellung davon, was Gerechtigkeit ist und was nicht. Wären all diese Vorstellungen deckungsgleich, müsste ein Rechtsstaat nichts weiter tun, als darüber zu wachen, dass sie nicht verletzt werden. Das wäre eine leichte Aufgabe, denn bei gleichen Gerechtigkeitsvorstellungen aller bliebe niemand mehr übrig, der sie verletzen könnte. In der Realität ist die Sache aber komplizierter, denn es gibt keine zwei Menschen auf diesem Planeten mit absolut identischen Vorstellungen von Gerechtigkeit. Das Beste, was uns gelingen kann, ist, einen Ausgleich zwischen den unterschiedlichen Vorstellungen herbeizuführen, der möglichst breite Billigung erfährt.

Zu diesem Zweck einigen wir uns auf Gesetze, die regeln, wie voneinander abweichende Gerechtigkeitsvorstellungen behandelt werden sollen. Die Summe dieser Gesetze nennen wir Rechtsordnung oder, kurz, das Recht.

Artikel 20 Absatz 2 Satz 2 formuliert das Prinzip der Gewaltenteilung und spricht von besonderen Organen der Gesetzgebung. Das sind die Parlamente, die vom Volk durch Wahlen legitimiert wurden. Sie bilden die gesetzgebende Gewalt. Davon unabhängig ist die ausführende oder vollziehende Gewalt, welche für die rechtmäßige, also richtige Umsetzung der Gesetze zuständig ist. Schließlich, und wiederum unabhängig davon, wacht die Rechtsprechung darüber, dass die Gesetze auf richtige Weise zustande kommen und angewendet werden.

Artikel 20 Absatz 3 des Grundgesetzes formuliert es so: »Die Gesetzgebung ist an die verfassungsmäßige Ordnung, die vollziehende Gewalt und die Rechtsprechung sind an Gesetz und Recht gebunden.«

Ein Rechtsstaat ist demnach ein Staat, der garantiert, dass auf legitime Weise zustande gekommenes Recht richtig angewandt wird und dies jederzeit von einer unabhängigen Justiz überprüft werden kann.

Konkret bedeutet das, der Staat schuldet seinen Einwohnern ein Rechtssystem, das diesen Kriterien standhält. Dieses System gibt es, und es empfiehlt sich, es wenigstens in seinen Grundzügen zu kennen. Die verwirrende Vielzahl von Gerichten wird verständlicher, wenn man versucht, sich die Struktur zu vergegenwärtigen.

Zunächst ist zwischen den einzelnen »Gerichtsbarkeiten«, also den Rechtswegen, zu unterscheiden. Für die meisten Rechtsstreitigkeiten sind die sogenannten ordentlichen Gerichte zuständig. »Ordentlich« steht hier im Gegensatz nicht etwa zu »unordentlich«, sondern zu »außerordentlich«. Die Unterscheidung stammt aus einer Zeit, in der die Verwaltungsgerichtsbarkeit nicht mit unabhängigen Richtern, also »außerordentlich«, besetzt war. Ordentliche Gerichte sind die Zivilgerichte und die Strafgerichte.

Die Zivilgerichte sind für alle Streitigkeiten auf den Rechtsgebieten des Zivilrechts (auch »Bürgerliches Recht« oder »Privatrecht« genannt) zuständig. Alle Rechtsstreitigkeiten zwischen Privatpersonen, Firmen und anderen nicht staatlichen Vereinigungen gehören hierher. Die Familiengerichte, Nachlassgerichte, Insolvenzgerichte sind besondere Abteilungen der Zivilgerichte.

Die zivilrechtlichen Streitigkeiten werden vor den Amtsgerichten, Landgerichten, Oberlandesgerichten und dem Bundesgerichtshof ausgetragen. Die höheren Gerichte – vom Landgericht aufwärts – können als Instanzgerichte angerufen werden, wenn Urteile unterrangiger Gerichte überprüft werden sollen.

Die Strafgerichte urteilen über die Verletzung von Strafgesetzen, wie sie im Wesentlichen im Strafgesetzbuch zusammengefasst sind. Ankläger ist in diesen Verfahren regelgemäß der Staat, vertreten durch die Staatsanwaltschaft. Auch hier gibt es den Instanzenzug von den Amtsgerichten bis zum Bundesgerichtshof.

Neben den ordentlichen Gerichten gibt es noch die »besonderen«: Arbeitsgerichte, Verwaltungsgerichte, Finanzgerichte, Sozialgerichte. Auch in diesen Gerichtsbarkeiten gibt es Instanzenzüge. Die jeweils höchsten Gerichte heißen Bundesarbeitsgericht, Bundesverwaltungsgericht, Bundesfinanzhof und Bundessozialgericht.

Für alle diese Gerichtsbarkeiten gibt es Prozessordnungen, in denen geregelt ist, welche Verfahrensarten bestehen und wie sie rechtmäßig durchzuführen sind.

Schon diese sehr kurze und mehr als summarische Darstellung des deutschen Justizsystems macht nachvollziehbar, wogegen sich die Kritik daran hauptsächlich richtet. Es sei zu kompliziert, zu vielgliedrig, die vielen Instanzenzüge führten zu langen Verfahren. Hinzu komme eine Unzahl in unverständlicher Sprache geschriebener Gesetze, die mehr Verwirrung als Klarheit stifteten. Ein Justizsystem, in dem man schon Juristen brauche, um überhaupt herauszufinden, welches Gericht für einen zuständig ist, sei nicht demokratisch, sondern entmündigend.

So verständlich diese Kritik auch sein mag, zielt sie doch auf Unmögliches. Der Wunsch nach einem einfachen und allgemein verständlichen Rechtssystem muss unerfüllbar bleiben. Die Vielzahl und die Komplexität der Gegenstände, die zu regeln sind, verhindern es. Umso ernster hat der Staat jedoch seine Aufklärungs- und Informationspflichten zu nehmen, wenn es darum geht, dieses System verständlich zu machen. Ein demokratisches Rechtssystem erkennt man vor allem daran, dass Rechtssuchenden geholfen wird, ihre Rechte geltend zu machen – Prozesskostenhilfe, Rechtsantragsstellen, kostenlose Rechtsberatung, richterliche Hinweispflichten sind einige Beispiele dafür –, aber natürlich auch daran, dass sich die Gerichte bemühen, ihre Entscheidungen nachvollziehbar und verständlich zu begründen.

Aus dem Rechtsstaatsprinzip folgt die staatliche Garantie einiger Justizgrundrechte. Diese sind: die Rechtsweggarantie, das Recht auf einen gesetzlichen Richter, das Recht auf rechtliches Gehör, das Verbot der Doppelbestrafung und das Verbot der Bestrafung ohne Gesetz. Außerdem erwähne ich noch die Unschuldsvermutung, die zwar kein Grundrecht ist, aber dennoch durch das Grundgesetz geschützt wird. Unter diesen Stichworten sagen einem diese Rechte relativ wenig, deshalb will ich sie jeweils kurz beschreiben.

Die Rechtsweggarantie regelt Artikel 19 Absatz 4 des Grundgesetzes: »Wird jemand durch die öffentliche Gewalt in seinen Rechten verletzt, so steht ihm der Rechtsweg offen. Soweit eine andere Zuständigkeit nicht begründet ist, ist der ordentliche Rechtsweg gegeben. «

Das bedeutet: Jeder Mensch hat das Recht, vor Ge-

richt zu gehen, wenn er sich durch den Staat oder eines
seiner Organe in seinen Rechten verletzt fühlt. Der Staat
muss Gerichte dafür einrichten und darf den Zugang zu
ihnen nicht durch Schikanen erschweren. Die Gerichte,
obwohl vom Staat eingesetzt, müssen ihm gegenüber
unabhängig sein und das staatliche Handeln anhand
des geltenden Rechts überprüfen.

Wenn nun alle Versuche, vor den »einfachen« Gerichten nicht zum Erfolg führen, besteht für jedermann
die Möglichkeit, sich direkt an das Bundesverfassungsgericht zu wenden. Es ist das höchste deutsche Gericht.
Seine Urteile haben gesetzesgleiche Wirkung.

Wer sich in seinen Grundrechten verletzt fühlt, kann
dort eine Verfassungsbeschwerde vorbringen. Gegenstand muss ein Handeln sein, das eine deutsche hoheit-
liche Institution zu verantworten hat, gleich, ob sie der
gesetzgebenden, der vollziehenden oder der rechtspre-
chenden Gewalt angehört. In irgendeiner Weise muss
sich aus diesem Handeln eine – zumindest behauptete –
Grundrechtsverletzung ergeben. Sie muss denjenigen,
der die Verfassungsbeschwerde erhebt, selbst, gegenwärtig und unmittelbar betreffen. Ein Anwalt ist dafür
erst vonnöten, falls es zu einer mündlichen Verhand-
lung kommt.

Das Verfahren ist kostenfrei, für notwendige Anwalts-
kosten zahlt der Staat Prozesskostenhilfe, sofern der Be-
schwerdeführer die Kosten nicht aus eigenen Mitteln
bestreiten kann.

Neben den Grundrechten gibt es grundrechtsgleiche
Rechte, die aber wie Grundrechte behandelt werden
und nur so heißen, weil sie im Grundgesetz nicht in den
ersten 19 Artikeln genannt werden.

Eines von ihnen ist das Recht auf einen gesetzlichen
Richter. Es wird aus Artikel 101 Absatz 1 Satz 1 des

Grundgesetzes hergeleitet. Dort steht: »Niemand darf seinem gesetzlichen Richter entzogen werden.« Das klingt etwas kryptisch. Was ist ein »gesetzlicher Richter«? Und warum ist es ein Nachteil, ihm »entzogen« zu werden?

Wer vor Gericht zieht oder zitiert wird, macht sich vielleicht keine Gedanken darüber, warum er gerade dieser Richterin oder jenem Richter gegenübersteht. Es ist aber ein essenzielles Recht, dass im Voraus festgelegt wird, welcher Richter bei welchem Verfahren zum Einsatz kommt. Dies muss »generell« und »abstrakt« geschehen. Es darf also kein spezieller Zusammenhang zwischen der Bestimmung des Richters und dem konkreten Fall bestehen. In einem Rechtsstaat darf es nicht möglich sein, Gerichtsverfahren mit »genehmen« Richtern zu besetzen. Ebenso darf niemand seinem gesetzlichen Richter »entzogen« und mit einem anderen konfrontiert werden. Eine Ausnahme gilt, wenn die Befangenheit eines Richters auf Antrag festgestellt wird oder er sich selbst für befangen erklärt. In der Praxis werden die Unabhängigkeit und die Unparteilichkeit der Richter durch Geschäftsverteilungspläne gewährleistet, die sicherstellen, dass die Verteilung der Verfahren nicht willkürlich erfolgt.

Ein weiteres Justizgrundrecht ist der Anspruch auf rechtliches Gehör. Wer vor Gericht erscheinen muss, hat ein Recht darauf, dass sein Standpunkt gehört wird. Man denkt dabei sofort an Angeklagte im Strafprozess, aber die Regel gilt bei jeder Art von Auseinandersetzung mit oder vor öffentlichen Stellen.

Der Anspruch auf rechtliches Gehör besteht aus drei aufeinander aufbauenden Elementen. Zuerst aus dem Recht auf Information. Nur wenn mir umfassend und verständlich erklärt wird, über welchen Sachverhalt entschieden werden muss, kann ich mich sinnvoll zur Sache äußern. Ich muss erkennen können, was vorgebracht, wie es begründet wird und welche Schlussfolgerungen daraus gezogen werden. Dazu gehört auch, dass das Gericht mich darüber informiert, welche Gesichtspunkte für die Entscheidung besonders ins Gewicht fallen. Es muss mich außerdem darauf hinweisen, wichtige Tatsachen zu ergänzen, Beweismittel zu benennen und Anträge zu stellen, die mir weiterhelfen könnten.

Nach Erteilung der Information muss mir die Möglichkeit gegeben werden, mich umfassend vor dem zuständigen Richter zu äußern.

Das Gericht muss bei seiner Entscheidung erkennbar und in allen wesentlichen Punkten auf meine Einlassungen eingehen. Tut es das nicht, muss mir die Möglichkeit offenstehen, seine Entscheidung wegen der Verletzung rechtlichen Gehörs mit einer Rüge oder einem Rechtsmittel anzugreifen.

Das Verbot der Doppelbestrafung gehört ebenfalls zu den Grundsätzen eines fairen Strafverfahrens. Seine größte praktische Bedeutung hat es im Zusammenhang mit der Einstellung von Verfahren. Sieht das Gericht von einer Klageerhebung ab und verbindet diese Entscheidung mit Auflagen, die der Beschuldigte auch erfüllt, kann es im Nachhinein nicht doch noch wegen derselben Sache Anklage erheben.

Ein weiterer Grundsatz besagt: »Keine Strafe ohne Gesetz.« Artikel 103 Grundgesetz und, wortgleich, § 1 des Strafgesetzbuches präzisieren das: »Eine Tat kann nur bestraft werden, wenn die Strafbarkeit gesetzlich bestimmt war, bevor die Tat begangen wurde.« Der Staat ist somit daran gehindert, im Nachhinein Straftaten zu »erfinden« oder bestehende Straftatbestände willkürlich weit auszulegen.

Der letzte Grundsatz, den ich hier behandeln will, ist die Unschuldsvermutung. Sie ist zwar nicht im Grundgesetz genannt, aber in Artikel 11 der Allgemeinen Erklärung der Menschenrechte, auf die Artikel 1 Absatz 2 des Grundgesetzes Bezug nimmt, ist sie ausdrücklich formuliert: »Jeder Mensch, der einer strafbaren Handlung beschuldigt wird, ist so lange als unschuldig anzusehen, bis seine Schuld in einem öffentlichen Verfahren, in dem alle für seine Verteidigung nötigen Voraussetzungen gewährleistet waren, gemäß dem Gesetz nachgewiesen ist.«

Alle die genannten Justizgrundrechte und -grundsätze sollen für faire Verfahren sorgen. Ob ein Verfahren fair abläuft oder nicht, entscheidet sich ein jedes Mal von Neuem. Es ist wie mit dem Recht überhaupt: Nur wenn es richtig und in gutem Sinne angewandt wird, führt es auch zu guten Ergebnissen.

»Nichts Wahres lässt sich von der Zukunft wissen ...« – Schlussbetrachtung

Du schöpfest drunten an der Hölle Flüssen,
Du schöpfest droben an dem Quell des Lichts.
Friedrich Schiller

Wenn die Ungewissheit der Zukunft so vergangenheitsfern klingt wie in Friedrich Schillers »Braut von Medina«, fällt es uns leicht, seufzend zuzustimmen. Ungemütlicher wird es, wenn wir über unsere eigene Zukunft nachdenken und feststellen müssen: Ja, wir wissen wirklich nicht, was kommen wird. Es ist eine merkwürdige historische Situation, in der wir uns gerade befinden. Da sind zum einen die Fakten der jüngeren und allerjüngsten Vergangenheit: Seit über siebzig Jahren leben wir in Frieden. Es ist die längste Friedensperiode in der deutschen Geschichte. Deutschland ist eines der sichersten Länder der Erde. Das allgemeine Wohlstandsniveau ist auf einem noch nie zuvor erreichten Stand. Wir haben so viele Gelegenheiten zu konsumieren, zu reisen, uns zu informieren und zu unterhalten wie noch nie.

Doch schon allein dies festzustellen gilt bei vielen als frevlerisch. Denn das ist zum anderen eine seltsame, tief gehende Unruhe, welche die Bevölkerung erfasst hat. Nach einer Studie der R+V Versicherung sind die größten Ängste der Deutschen: Terrorismus, politischer Extremismus, Zuzug von Ausländern, die Belastung des Steuerzahlers durch die EU-Schuldenkrise, Schadstoffe in Nahrungsmitteln, die Überforderung durch mehr Asylbewerber. Nach einer anderen Umfrage der Gesellschaft für Konsumforschung (GfK) sind Zuwanderung und drohende Armut die größten Sorgen der Deutschen.

Es scheint mir nicht sonderlich sinnvoll, darüber zu debattieren, wie »berechtigt« diese Ängste sind. Interessanter ist die Frage, warum wir immer ausschließlicher unsere Aufmerksamkeit auf sie richten.

Der Historiker Yuval Harari hat in seinem Buch »Eine kurze Geschichte der Welt« einige Überlegungen dazu angestellt, die er in einem Interview mit dem Journalisten Ezra Klein erläutert: »Wir machen es uns selten bewusst, aber menschliche Zusammenarbeit in größerem Maßstab basiert auf Fiktionen. Besonders deutlich wird das im Fall von Religionen, speziell in den Religionen von anderen. Wenn Millionen von Menschen sich darauf einigen, in einen Kreuzzug oder einen Dschihad zu ziehen, eine Kathedrale oder eine Synagoge zu bauen, ist leicht zu verstehen, dass sie das tun, weil sie alle an die gleiche fiktionale Geschichte von Gott, Himmel und Hölle glauben. Schwerer ist es schon, sich klarzumachen, dass genau die gleiche Dynamik in allen anderen Fällen menschlicher Zusammenarbeit wirkt.«

Harari sieht darin nicht etwa den Beweis besonderer Leichtgläubigkeit der Menschen. Er sieht darin eine Fähigkeit, welche die Menschen überhaupt erst in die Lage versetzt, große, ja weltumspannende Gebilde zu erschaffen, in denen sie kooperieren. Auch, was wir uns über die Gesellschaft erzählen, in der wir leben, kleiden wir in die Form von Geschichten. An welche wir glauben, beeinflusst die Entscheidungen, die wir treffen. Eine bestimmte Geschichte hat in den westlichen Gesellschaften und auch in Deutschland in den letzten Jahren enorm an Zuspruch gewonnen. Mehr und mehr wird ihr Glauben geschenkt.

Die selbst ernannten Anwälte des »gesunden Menschenverstands« haben die Bühne betreten. Es wundert sie nicht, dass die Vertreter des herrschenden Systems zunehmend in die Defensive geraten. »Das Volk« begreife langsam, sagen sie, dass unabhängig von Wahlen, die immer gleich ausgingen, das politische Establishment am Drücker bleibe. Presse und Medien würden von ihm in Lohn und Brot gehalten und betrieben deshalb Hofberichterstattung, bei der sie auch vor faustdicken Lügen nicht zurückschreckten. Alle zusammen machten sie sich die Taschen voll zum Schaden des Volkes.

Das Volk bestehe aus ehrlichen, rechtschaffenen Menschen, die systematisch ausgebeutet und an der Nase herumgeführt würden. Jahrzehntelang arbeiteten sie und bezögen im Alter eine Rente, die zum Leben nicht reiche. Die Flüchtlinge und andere Ausländer, die hierherkämen und gegen die man im Prinzip nichts habe, bekämen hingegen auf Staatskosten sofort alles, was sie brauchten. Eine geheizte Wohnung, medizinische Versorgung und mehr Geld, als sie in ihren Heimatländern je verdienen könnten.

Eine erschreckend hohe Anzahl von ihnen würde zu Straftätern oder sogar Terroristen. Unsere Polizei sei unfähig, Gefährder zu fassen, weil sie von den Herrschenden im Stich gelassen werde. Selbst diejenigen unter ihnen, die es im Prinzip besser wüssten, sagten nichts, vor lauter Angst, gegen die Regeln der politischen Korrektheit zu verstoßen. Denn wer gegen die verstoße, sei ganz schnell weg vom Fenster. Da genüge es, nur einmal öffentlich »Nafri« zu sagen. Dann habe man sofort eine Strafanzeige am Hals. Und die Straftäter, die gefasst würden, liefen wenig später wieder frei herum. Über die Strafen, die unsere Justiz verhänge, lache der Rest der Welt. Und so weiter.

Kurzum, es ist die Geschichte, dass wir alles, was uns Angst macht, unserem politischen System, der Presse, den Politikern, insbesondere der Bundeskanzlerin, dem Establishment überhaupt »zu verdanken« haben.

»Das Volk«, »die normalen Menschen«, alle, die von diesem Establishment regiert werden, werden in Wahrheit von ihm übers Ohr gehauen.

Im Grunde, sagt diese Geschichte, gebe es zwei Arten von Menschen. Solche, die etwas zu sagen haben, und die anderen, zu denen man selbst gehört, die nichts zu sagen haben.

Diese Geschichte hat einen außergewöhnlichen Vorteil. Sie erlaubt es, unbeschränkt Kritik zu üben, ohne je selbst in die Verantwortung zu geraten. Auf viele wirkt sie deshalb aufgeklärt und kritisch und wird von ihnen geglaubt und weitererzählt.

Unsere parlamentarische Demokratie befindet sich in einer tiefen Legitimationskrise. Die Gesellschaft ist gespalten. Annähernd die Hälfte der wahlberechtigten Bevölkerung bringt durch ihr Wahlverhalten Skepsis gegenüber unserem Wahlsystem zum Ausdruck, von dem sie sich unzureichend oder gar nicht repräsentiert fühlt. Unsere politische Ordnung steht so prinzipiell infrage wie seit Jahrzehnten nicht mehr.

Die selbst ernannten Anwälte des gesunden Menschenverstands versprechen, den Eliten auf die Finger zu hauen, Immigranten auszuweisen, Zäune zu bauen und das Nationalgefühl zu stärken. Dazu greifen sie nicht nur die Vertreter des Systems an, sondern das System selbst.

Die Skepsis, ob unsere politische Ordnung die richtigen Antworten auf die Probleme unserer Zeit geben kann, besteht jedoch weit über den Einflussbereich der Rechtspopulisten hinaus. Dass die Demokratie infrage gestellt wird, muss für sich genommen kein Krisensymptom sein. Ebenso gut kann dies ihre Lebendigkeit beweisen. Sie lebt von der Debatte, vom Diskurs, vom Streit der Meinungen. Sich diesen Streit stets allseits lächelnd, freudig und friedlich vorzustellen, wäre Schönfärberei. Er ist zuweilen erbittert, was nur bedeutet, dass die beteiligten Parteien ihren Ansichten wirklich verpflichtet sind.

Nach der Wiedervereinigung gewöhnten wir uns an, die Demokratie, wie sie das Grundgesetz interpretiert, als natürliche Ordnung zu begreifen. Die Geschichte hatte ihre Antworten gegeben. Der Sozialismus hatte sich selbst liquidiert. Vom »Ende der Geschichte« war die Rede, und die westliche Demokratie erschien als das politische System, das unzweifelhaft die überzeugendste Antwort auf die Frage lieferte, wie eine menschenwürdige Gesellschaft organisiert sein sollte.

Seit seinem Inkrafttreten wird das Grundgesetz ständig und von allen Seiten kritisiert und unter dieser Kritik wird es fortlaufend modifiziert. Das ist kein Hinweis auf Konstruktionsmängel, sondern auf das Funktionieren seiner Konzeption. Dabei sah sich das Grundgesetz immer auch fundamentaler Kritik ausgesetzt. Neu ist allerdings, dass die schweigende Mehrheit, die sich an diesen Debatten nicht beteiligt, immer größer wird.

Wenn es einen Grund zur Sorge gibt, dann den, dass sich ein wachsender Teil der Bevölkerung für die Grundlagen unserer Freiheit nicht länger zu interessieren scheint, während ein anderer sie aus Unkenntnis ablehnt.

Es ist deshalb an der Zeit, ein paar Fragen zu stellen. Was versprechen uns die Grundlagen unserer Freiheit, so wie sie in den Grundrechten formuliert sind? Und was versprechen wir uns von ihnen? Und sind wir bereit, sie hochzuhalten und zu verteidigen?

Wenn wir die Diskussion um die Grundrechte defensiv führen, wenn wir der Meinung sind, die Verfassung stehe einer vernünftigen Politik, dem »gesunden Menschenverstand«, der »deutschen Leitkultur« oder irgendwelchen anderen obskuren »Werten« im Weg, dann ist sie überflüssig.

Die große Errungenschaft unserer Verfassung ist, dass sie sich um die Wahrung der Rechte des anderen kümmert. Das ist ihr Kern, ihre Grundidee. Nur wenn wir bereit sind, diesen ihren Kern zu verteidigen, hat diese Debatte einen Sinn.

Ich habe nachgelesen: Für die Grundlagen der Verfassungsordnung sieht der aktuelle Lehrplan für Gymnasien fünf Stunden vor. Für die Mitwirkungsmöglichkeiten in der demokratischen Gesellschaft im Überblick sieben Stunden. Für die Grundzüge der politischen Ordnung in Deutschland dreizehn Stunden und schließlich noch sechs weitere Stunden, fachübergreifend mit Geschichte, für ein Unterrichtsprojekt zum Beispiel zum Thema Migration oder bürgerschaftliches Engagement in der Zivilgesellschaft.

Das Unterrichtsziel für den ersten Punkt, auf den ich hier den Schwerpunkt lege, formuliert der Lehrplan so: »Die Schüler gelangen unter Heranziehung historischer bzw. aktueller Beispiele zu der Einsicht, dass die Achtung der Menschenwürde sowie der Schutz der Menschen- und Bürgerrechte die wesentliche Voraussetzung für ein Leben in Freiheit und die Basis für ein friedliches Miteinander darstellen. Sie erkennen die Notwendigkeit ihrer Absicherung durch demokratische und rechtsstaatliche Grundsätze und erschließen aus Art. 79 Abs. 3 GG deren grundgesetzlich geschützte Unveränderbarkeit.«

Es geht mir an dieser Stelle überhaupt nicht darum, diesen Lehrplan zu kritisieren, aber er erklärt mir, auf welche Reaktionen ich mitunter stoße, wenn ich von meiner Beschäftigung mit den Grundrechten erzähle.

»Die Grundrechte? Aber die sind doch von vorgestern. So bieder und weltfremd. Das ist ja, als würdest du dich mit den Zehn Geboten befassen!«, sagte zum Beispiel ein Journalist zu mir. Ich gebe zu, das war die krasseste Reaktion, aber ich finde sie bemerkenswert. Ein Journalist, dessen Existenzgrundlage die Pressefreiheit ist! Er meinte das vermutlich auch weniger inhaltlich, vielmehr vom redaktionellen Standpunkt aus gedacht.

Sind die Grundrechte ein sexy Thema? Kommt darauf an. Noch mal ein Blick in den Lehrplan: »Die Schüler gelangen unter Heranziehung historischer ... zu der Einsicht ... Menschenwürde ... friedliches Miteinander ... grundgesetzlich geschützte Unveränderbarkeit.« Das klingt nicht gerade nach purem Adrenalin, eher nach fünfstündiger Gardinenpredigt, und was man am Ende darüber zu denken hat, ist auch schon klar. Deshalb sind meinem Journalistenfreund vielleicht die Zehn Gebote eingefallen.

Der Vergleich ist gar nicht so schlecht, denn die Zehn Gebote wie die Grundrechte formulieren »Verhaltenserwartungen«, wie der Soziologe Niklas Luhmann das nennt. Teilweise ähneln sie sich sogar, zum Beispiel stellen beide Ehe, Familie und Eigentum unter besonderen Schutz. Aber die Zehn Gebote verlangen zuallererst Unterwerfung (»Du sollst keine anderen Götter haben neben mir«) und zählen dann Pflichten auf, die daraus folgen. Das Grundgesetz geht den entgegengesetzten Weg. Es sagt: »Du bist ein freier Mensch. Dies sind deine Rechte. Niemand darf sie dir nehmen. Auch nicht der Staat, der sie hier für dich formuliert, denn sie existieren unabhängig von ihm.«

Schön, schön, mag man denken, aber wann kommen sie denn zum Zug? Man mag sich kaum darüber freuen, dass einem derzeit zwei besonders eindringliche Beispiele in den Sinn kommen: die USA und die Türkei. Pressefreiheit, Demonstrationsfreiheit, Staatsbürgerschaft, Religionsfreiheit, Anspruch auf ein faires Gerichtsverfahren und alle anderen Grundrechte sind in den USA von einem Tag auf den anderen zu einem essenziellen Mittel geworden, mit dem eine aufgewachte Bevölkerung ihren politischen Willen sichtbar machen kann. In der Türkei, wo alle diese Rechte nicht oder nur eingeschränkt gelten, kämpfen diejenigen, welche die Demokratie nicht verloren geben wollen, genau darum.

Die meisten von uns halten sich mit einigem Stolz für kritische, aufgeklärte Bürger, die ihre Rechte kennen. Doch kennen wir sie wirklich? Machen wir sie uns im Alltag wirklich bewusst?

Ein Teil meiner Recherchen zu diesem Thema bestand darin, Gespräche zu führen. Nachdem das Grundgesetz für jeden in diesem Land gilt, war jedermann, der mir begegnete, ein potenzieller Gesprächspartner. Ich redete mit Angestellten des öffentlichen Dienstes, Beamten, Freiberuflern, Künstlern, Verwaltungsangestellten, Rechtsanwälten, Ärzten, Müllwerkern, Rentnern und Pensionären, Bankern, Verlagslektoren, Journalisten, Informatikern, Zimmerleuten. Männern wie Frauen. Sie alle kenne ich persönlich und weiß deshalb, dass sie wache Beobachter des Zeitgeschehens sind, die sich von politischen Sachverhalten und Debatten angesprochen fühlen. Bei den meisten von ihnen weiß ich nicht, welche Partei sie wählen, bei allen von ihnen nehme ich aber an, dass sie wählen gehen.

Doch egal, wer sie waren oder was sie taten, ihre Reaktionen glichen einander auf erstaunliche Weise. Das Grundgesetz als Gesprächsthema löst bei den meisten Menschen ein diffuses Unbehagen aus. Es ist ewig her, dass man in Schule oder Universität davon gehört hat, es ist eines jener Bücher, die man schon immer einmal hat lesen wollen, aber nie richtig gelesen hat. Die Versuche, es doch zu tun, scheiterten meist, weil einem die merkwürdige Sprache, in der es geschrieben ist, kaum etwas sagt. Das klang alles feierlich und sicher gut gemeint, aber eben auch reichlich vage, und was es, jenseits des Offensichtlichen, mit unser aller Lebenswirklichkeit zu tun hatte, war nicht recht erkennbar.

Um auf Hararis Begriff der Fiktion zurückzukommen: Auch die Grundrechte sind eine Fiktion. Nicht in dem Sinn, dass ihre Auswirkungen nicht real wären. Wohl aber in dem Sinn, dass es Überzeugungen sind, deren Richtigkeit sich niemals beweisen lässt.

Alles, was wir haben, ist unsere Erfahrung, die uns sagt: Das Grundgesetz, die Grundrechte, die Menschenrechte sind erfolgreiche Fiktionen. Sie bestehen keineswegs nur aus gut gemeinten, idealistischen Maximalforderungen, die mit der Realität nichts gemein haben. Sie können das Fundament einer menschenwürdigen Gesellschaft bilden, um die immer wieder von Neuem gekämpft werden muss. Gerade in schwierigen Zeiten müssen wir sie in unsere Gegenwart holen, wörtlich nehmen und ihre Einlösung fordern. Nur dann sind sie etwas wert.

Die Grundrechte der Bundesrepublik Deutschland im Wortlaut

Grundgesetz für die Bundesrepublik Deutschland

vom 23. Mai 1949 (BGBl. S. 1), zuletzt geändert durch Artikel 1 des Gesetzes vom 13. Juli 2017 (BGBl. I S. 2347)

Der Parlamentarische Rat hat am 23. Mai 1949 in Bonn am Rhein in öffentlicher Sitzung festgestellt, dass das am 8. Mai des Jahres 1949 vom Parlamentarischen Rat beschlossene Grundgesetz für die Bundesrepublik Deutschland in der Woche vom 16. bis 22. Mai 1949 durch die Volksvertretungen von mehr als Zweidritteln der beteiligten deutschen Länder angenommen worden ist.

Aufgrund dieser Feststellung hat der Parlamentarische Rat, vertreten durch seine Präsidenten, das Grundgesetz ausgefertigt und verkündet.

Das Grundgesetz wird hiermit gemäß Artikel 145 Absatz 3 im Bundesgesetzblatt veröffentlicht:

Präambel

Im Bewusstsein seiner Verantwortung vor Gott und den Menschen,
von dem Willen beseelt, als gleichberechtigtes Glied

in einem vereinten Europa dem Frieden der Welt zu dienen, hat sich das Deutsche Volk kraft seiner verfassungsgebenden Gewalt dieses Grundgesetz gegeben.

Die Deutschen in den Ländern Baden-Württemberg, Bayern, Berlin, Brandenburg, Bremen, Hamburg, Hessen, Mecklenburg-Vorpommern, Niedersachsen, Nordrhein-Westfalen, Rheinland-Pfalz, Saarland, Sachsen, Sachsen-Anhalt, Schleswig-Holstein und Thüringen haben in freier Selbstbestimmung die Einheit und Freiheit Deutschlands vollendet. Damit gilt dieses Grundgesetz für das gesamte Deutsche Volk.

I. Die Grundrechte

Artikel 1

(1) Die Würde des Menschen ist unantastbar. Sie zu achten und zu schützen ist Verpflichtung aller staatlichen Gewalt.

(2) Das Deutsche Volk bekennt sich darum zu unverletzlichen und unveräußerlichen Menschenrechten als Grundlage jeder menschlichen Gemeinschaft, des Friedens und der Gerechtigkeit in der Welt.

(3) Die nachfolgenden Grundrechte binden Gesetzgebung, vollziehende Gewalt und Rechtsprechung als unmittelbar geltendes Recht.

Artikel 2

(1) Jeder hat das Recht auf die freie Entfaltung seiner Persönlichkeit, soweit er nicht die Rechte anderer verletzt und nicht gegen die verfassungsmäßige Ordnung oder das Sittengesetz verstößt.

(2) Jeder hat das Recht auf Leben und körperliche Un-

versehrtheit. Die Freiheit der Person ist unverletzlich. In diese Rechte darf nur aufgrund eines Gesetzes eingegriffen werden.

Artikel 3

(1) Alle Menschen sind vor dem Gesetz gleich.

(2) Männer und Frauen sind gleichberechtigt. Der Staat fördert die tatsächliche Durchsetzung der Gleichberechtigung von Frauen und Männern und wirkt auf die Beseitigung bestehender Nachteile hin.

(3) Niemand darf wegen seines Geschlechtes, seiner Abstammung, seiner Rasse, seiner Sprache, seiner Heimat und Herkunft, seines Glaubens, seiner religiösen oder politischen Anschauungen benachteiligt oder bevorzugt werden. Niemand darf wegen seiner Behinderung benachteiligt werden.

Artikel 4

(1) Die Freiheit des Glaubens, des Gewissens und die Freiheit des religiösen und weltanschaulichen Bekenntnisses sind unverletzlich.

(2) Die ungestörte Religionsausübung wird gewährleistet.

(3) Niemand darf gegen sein Gewissen zum Kriegsdienst mit der Waffe gezwungen werden. Das Nähere regelt ein Bundesgesetz.

Artikel 5

(1) Jeder hat das Recht, seine Meinung in Wort, Schrift und Bild frei zu äußern und zu verbreiten und sich aus allgemein zugänglichen Quellen ungehindert zu unterrichten. Die Pressefreiheit und die Freiheit der Berichterstattung durch Rundfunk und Film werden gewährleistet. Eine Zensur findet nicht statt.

(2) Diese Rechte finden ihre Schranken in den Vorschriften der allgemeinen Gesetze, den gesetzlichen Bestimmungen zum Schutze der Jugend und in dem Recht der persönlichen Ehre.

(3) Kunst und Wissenschaft, Forschung und Lehre sind frei. Die Freiheit der Lehre entbindet nicht von der Treue zur Verfassung.

Artikel 6

(1) Ehe und Familie stehen unter dem besonderen Schutze der staatlichen Ordnung.

(2) Pflege und Erziehung der Kinder sind das natürliche Recht der Eltern und die zuvörderst ihnen obliegende Pflicht. Über ihre Betätigung wacht die staatliche Gemeinschaft.

(3) Gegen den Willen der Erziehungsberechtigten dürfen Kinder nur aufgrund eines Gesetzes von der Familie getrennt werden, wenn die Erziehungsberechtigten versagen oder wenn die Kinder aus anderen Gründen zu verwahrlosen drohen.

(4) Jede Mutter hat Anspruch auf den Schutz und die Fürsorge der Gemeinschaft.

(5) Den unehelichen Kindern sind durch die Gesetzgebung die gleichen Bedingungen für ihre leibliche und seelische Entwicklung und ihre Stellung in der Gesellschaft zu schaffen wie den ehelichen Kindern.

Artikel 7

(1) Das gesamte Schulwesen steht unter der Aufsicht des Staates.

(2) Die Erziehungsberechtigten haben das Recht, über die Teilnahme des Kindes am Religionsunterricht zu bestimmen.

(3) Der Religionsunterricht ist in den öffentlichen Schu-

len mit Ausnahme der bekenntnisfreien Schulen ordentliches Lehrfach. Unbeschadet des staatlichen Aufsichtsrechtes wird der Religionsunterricht in Übereinstimmung mit den Grundsätzen der Religionsgemeinschaften erteilt. Kein Lehrer darf gegen seinen Willen verpflichtet werden, Religionsunterricht zu erteilen.

(4) Das Recht zur Errichtung von privaten Schulen wird gewährleistet. Private Schulen als Ersatz für öffentliche Schulen bedürfen der Genehmigung des Staates und unterstehen den Landesgesetzen. Die Genehmigung ist zu erteilen, wenn die privaten Schulen in ihren Lehrzielen und Einrichtungen sowie in der wissenschaftlichen Ausbildung ihrer Lehrkräfte nicht hinter den öffentlichen Schulen zurückstehen und eine Sonderung der Schüler nach den Besitzverhältnissen der Eltern nicht gefördert wird. Die Genehmigung ist zu versagen, wenn die wirtschaftliche und rechtliche Stellung der Lehrkräfte nicht genügend gesichert ist.

(5) Eine private Volksschule ist nur zuzulassen, wenn die Unterrichtsverwaltung ein besonderes pädagogisches Interesse anerkennt oder, auf Antrag von Erziehungsberechtigten, wenn sie als Gemeinschaftsschule, als Bekenntnis- oder Weltanschauungsschule errichtet werden soll und eine öffentliche Volksschule dieser Art in der Gemeinde nicht besteht.

(6) Vorschulen bleiben aufgehoben.

Artikel 8

(1) Alle Deutschen haben das Recht, sich ohne Anmeldung oder Erlaubnis friedlich und ohne Waffen zu versammeln.

(2) Für Versammlungen unter freiem Himmel kann dieses Recht durch Gesetz oder aufgrund eines Gesetzes beschränkt werden.

Artikel 9

(1) Alle Deutschen haben das Recht, Vereine und Gesellschaften zu bilden.

(2) Vereinigungen, deren Zwecke oder deren Tätigkeit den Strafgesetzen zuwiderlaufen oder die sich gegen die verfassungsmäßige Ordnung oder gegen den Gedanken der Völkerverständigung richten, sind verboten.

(3) Das Recht, zur Wahrung und Förderung der Arbeits- und Wirtschaftsbedingungen Vereinigungen zu bilden, ist für jedermann und für alle Berufe gewährleistet. Abreden, die dieses Recht einschränken oder zu behindern suchen, sind nichtig, hierauf gerichtete Maßnahmen sind rechtswidrig. Maßnahmen nach den Artikeln 12 a, 35 Abs. 2 und 3, Artikel 87 a Abs. 4 und Artikel 91 dürfen sich nicht gegen Arbeitskämpfe richten, die zur Wahrung und Förderung der Arbeits- und Wirtschaftsbedingungen von Vereinigungen im Sinne des Satzes 1 geführt werden.

Artikel 10

(1) Das Briefgeheimnis sowie das Post- und Fernmeldegeheimnis sind unverletzlich.

(2) Beschränkungen dürfen nur aufgrund eines Gesetzes angeordnet werden. Dient die Beschränkung dem Schutze der freiheitlichen demokratischen Grundordnung oder des Bestandes oder der Sicherung des Bundes oder eines Landes, so kann das Gesetz bestimmen, dass sie dem Betroffenen nicht mitgeteilt wird und dass an die Stelle des Rechtsweges die Nachprüfung durch von der Volksvertretung bestellte Organe und Hilfsorgane tritt.

Artikel 11

(1) Alle Deutschen genießen Freizügigkeit im ganzen Bundesgebiet.

(2) Dieses Recht darf nur durch Gesetz oder aufgrund eines Gesetzes und nur für die Fälle eingeschränkt werden, in denen eine ausreichende Lebensgrundlage nicht vorhanden ist und der Allgemeinheit daraus besondere Lasten entstehen würden oder in denen es zur Abwehr einer drohenden Gefahr für den Bestand oder die freiheitliche demokratische Grundordnung des Bundes oder eines Landes, zur Bekämpfung von Seuchengefahr, Naturkatastrophen oder besonders schweren Unglücksfällen, zum Schutze der Jugend vor Verwahrlosung oder um strafbaren Handlungen vorzubeugen, erforderlich ist.

Artikel 12

(1) Alle Deutschen haben das Recht, Beruf, Arbeitsplatz und Ausbildungsstätte frei zu wählen. Die Berufsausübung kann durch Gesetz oder aufgrund eines Gesetzes geregelt werden.

(2) Niemand darf zu einer bestimmten Arbeit gezwungen werden, außer im Rahmen einer herkömmlichen allgemeinen, für alle gleichen öffentlichen Dienstleistungspflicht.

(3) Zwangsarbeit ist nur bei einer gerichtlich angeordneten Freiheitsentziehung zulässig.

Artikel 12a

(1) Männer können vom vollendeten achtzehnten Lebensjahr an zum Dienst in den Streitkräften, im Bundesgrenzschutz oder in einem Zivilschutzverband verpflichtet werden.

(2) Wer aus Gewissensgründen den Kriegsdienst mit

der Waffe verweigert, kann zu einem Ersatzdienst verpflichtet werden. Die Dauer des Ersatzdienstes darf die Dauer des Wehrdienstes nicht übersteigen. Das Nähere regelt ein Gesetz, das die Freiheit der Gewissensentscheidung nicht beeinträchtigen darf und auch eine Möglichkeit des Ersatzdienstes vorsehen muss, die in keinem Zusammenhang mit den Verbänden der Streitkräfte und des Bundesgrenzschutzes steht.

(3) Wehrpflichtige, die nicht zu einem Dienst nach Absatz 1 oder 2 herangezogen sind, können im Verteidigungsfalle durch Gesetz oder aufgrund eines Gesetzes zu zivilen Dienstleistungen für Zwecke der Verteidigung einschließlich des Schutzes der Zivilbevölkerung in Arbeitsverhältnisse verpflichtet werden; Verpflichtungen in öffentlich-rechtliche Dienstverhältnisse sind nur zur Wahrnehmung polizeilicher Aufgaben oder solcher hoheitlichen Aufgaben der öffentlichen Verwaltung, die nur in einem öffentlich-rechtlichen Dienstverhältnis erfüllt werden können, zulässig. Arbeitsverhältnisse nach Satz 1 können bei den Streitkräften, im Bereich ihrer Versorgung sowie bei der öffentlichen Verwaltung begründet werden; Verpflichtungen in Arbeitsverhältnisse im Bereiche der Versorgung der Zivilbevölkerung sind nur zulässig, um ihren lebensnotwendigen Bedarf zu decken oder ihren Schutz sicherzustellen.

(4) Kann im Verteidigungsfalle der Bedarf an zivilen Dienstleistungen im zivilen Sanitäts- und Heilwesen sowie in der ortsfesten militärischen Lazarettorganisation nicht auf freiwilliger Grundlage gedeckt werden, so können Frauen vom vollendeten achtzehnten bis zum vollendeten fünfundfünfzigsten Lebensjahr durch Gesetz oder aufgrund eines Gesetzes zu derartigen Dienstleistungen herangezogen werden. Sie dürfen auf

keinen Fall zum Dienst mit der Waffe verpflichtet werden.

(5) Für die Zeit vor dem Verteidigungsfalle können Verpflichtungen nach Absatz 3 nur nach Maßgabe des Artikels 80 a Abs. 1 begründet werden. Zur Vorbereitung auf Dienstleistungen nach Absatz 3, für die besondere Kenntnisse oder Fertigkeiten erforderlich sind, kann durch Gesetz oder aufgrund eines Gesetzes die Teilnahme an Ausbildungsveranstaltungen zur Pflicht gemacht werden. Satz 1 findet insoweit keine Anwendung.

(6) Kann im Verteidigungsfalle der Bedarf an Arbeitskräften für die in Absatz 3 Satz 2 genannten Bereiche auf freiwilliger Grundlage nicht gedeckt werden, so kann zur Sicherung dieses Bedarfs die Freiheit der Deutschen, die Ausübung eines Berufs oder den Arbeitsplatz aufzugeben, durch Gesetz oder aufgrund eines Gesetzes eingeschränkt werden. Vor Eintritt des Verteidigungsfalles gilt Absatz 5 Satz 1 entsprechend.

Artikel 13

(1) Die Wohnung ist unverletzlich.

(2) Durchsuchungen dürfen nur durch den Richter, bei Gefahr im Verzuge auch durch die in den Gesetzen vorgesehenen anderen Organe angeordnet und nur in der dort vorgeschriebenen Form durchgeführt werden.

(3) Begründen bestimmte Tatsachen den Verdacht, dass jemand eine durch Gesetz einzeln bestimmte besonders schwere Straftat begangen hat, so dürfen zur Verfolgung der Tat aufgrund richterlicher Anordnung technische Mittel zur akustischen Überwachung von Wohnungen, in denen der Beschuldigte sich vermutlich aufhält, eingesetzt werden, wenn die Erforschung

des Sachverhalts auf andere Weise unverhältnismäßig erschwert oder aussichtslos wäre. Die Maßnahme ist zu befristen. Die Anordnung erfolgt durch einen mit drei Richtern besetzten Spruchkörper. Bei Gefahr im Verzuge kann sie auch durch einen einzelnen Richter getroffen werden.

(4) Zur Abwehr dringender Gefahren für die öffentliche Sicherheit, insbesondere einer gemeinen Gefahr oder einer Lebensgefahr, dürfen technische Mittel zur Überwachung von Wohnungen nur aufgrund richterlicher Anordnung eingesetzt werden. Bei Gefahr im Verzuge kann die Maßnahme auch durch eine andere gesetzlich bestimmte Stelle angeordnet werden; eine richterliche Entscheidung ist unverzüglich nachzuholen.

(5) Sind technische Mittel ausschließlich zum Schutze der bei einem Einsatz in Wohnungen tätigen Personen vorgesehen, kann die Maßnahme durch eine gesetzlich bestimmte Stelle angeordnet werden. Eine anderweitige Verwertung der hierbei erlangten Erkenntnisse ist nur zum Zwecke der Strafverfolgung oder der Gefahrenabwehr und nur zulässig, wenn zuvor die Rechtmäßigkeit der Maßnahme richterlich festgestellt ist; bei Gefahr im Verzuge ist die richterliche Entscheidung unverzüglich nachzuholen.

(6) Die Bundesregierung unterrichtet den Bundestag jährlich über den nach Absatz 3 sowie über den im Zuständigkeitsbereich des Bundes nach Absatz 4 und, soweit richterlich überprüfungsbedürftig, nach Absatz 5 erfolgten Einsatz technischer Mittel. Ein vom Bundestag gewähltes Gremium übt auf der Grundlage dieses Berichts die parlamentarische Kontrolle aus. Die Länder gewährleisten eine gleichwertige parlamentarische Kontrolle.

(7) Eingriffe und Beschränkungen dürfen im Übrigen nur zur Abwehr einer gemeinen Gefahr oder einer Lebensgefahr für einzelne Personen, aufgrund eines Gesetzes auch zur Verhütung dringender Gefahren für die öffentliche Sicherheit und Ordnung, insbesondere zur Behebung der Raumnot, zur Bekämpfung von Seuchengefahr oder zum Schutze gefährdeter Jugendlicher vorgenommen werden.

Artikel 14

(1) Das Eigentum und das Erbrecht werden gewährleistet. Inhalt und Schranken werden durch die Gesetze bestimmt.

(2) Eigentum verpflichtet. Sein Gebrauch soll zugleich dem Wohle der Allgemeinheit dienen.

(3) Eine Enteignung ist nur zum Wohle der Allgemeinheit zulässig. Sie darf nur durch Gesetz oder aufgrund eines Gesetzes erfolgen, das Art und Ausmaß der Entschädigung regelt. Die Entschädigung ist unter gerechter Abwägung der Interessen der Allgemeinheit und der Beteiligten zu bestimmen. Wegen der Höhe der Entschädigung steht im Streitfalle der Rechtsweg vor den ordentlichen Gerichten offen.

Artikel 15

Grund und Boden, Naturschätze und Produktionsmittel können zum Zwecke der Vergesellschaftung durch ein Gesetz, das Art und Ausmaß der Entschädigung regelt, in Gemeineigentum oder in andere Formen der Gemeinwirtschaft überführt werden. Für die Entschädigung gilt Artikel 14 Abs. 3 Satz 3 und 4 entsprechend.

Artikel 16

(1) Die deutsche Staatsangehörigkeit darf nicht entzogen werden. Der Verlust der Staatsangehörigkeit darf nur aufgrund eines Gesetzes und gegen den Willen des Betroffenen nur dann eintreten, wenn der Betroffene dadurch nicht staatenlos wird.

(2) Kein Deutscher darf an das Ausland ausgeliefert werden. Durch Gesetz kann eine abweichende Regelung für Auslieferungen an einen Mitgliedstaat der Europäischen Union oder an einen internationalen Gerichtshof getroffen werden, soweit rechtsstaatliche Grundsätze gewahrt sind.

Artikel 16a

(1) Politisch Verfolgte genießen Asylrecht.

(2) Auf Absatz 1 kann sich nicht berufen, wer aus einem Mitgliedstaat der Europäischen Gemeinschaften oder aus einem anderen Drittstaat einreist, in dem die Anwendung des Abkommens über die Rechtsstellung der Flüchtlinge und der Konvention zum Schutze der Menschenrechte und Grundfreiheiten sichergestellt ist. Die Staaten außerhalb der Europäischen Gemeinschaften, auf die die Voraussetzungen des Satzes 1 zutreffen, werden durch Gesetz, das der Zustimmung des Bundesrates bedarf, bestimmt. In den Fällen des Satzes 1 können aufenthaltsbeendende Maßnahmen unabhängig von einem hiergegen eingelegten Rechtsbehelf vollzogen werden.

(3) Durch Gesetz, das der Zustimmung des Bundesrates bedarf, können Staaten bestimmt werden, bei denen aufgrund der Rechtslage, der Rechtsanwendung und der allgemeinen politischen Verhältnisse gewährleistet erscheint, dass dort weder politische Verfolgung noch unmenschliche oder erniedrigende Bestra-

fung oder Behandlung stattfindet. Es wird vermutet, dass ein Ausländer aus einem solchen Staat nicht verfolgt wird, solange er nicht Tatsachen vorträgt, die die Annahme begründen, dass er entgegen dieser Vermutung politisch verfolgt wird.

(4) Die Vollziehung aufenthaltsbeendender Maßnahmen wird in den Fällen des Absatzes 3 und in anderen Fällen, die offensichtlich unbegründet sind oder als offensichtlich unbegründet gelten, durch das Gericht nur ausgesetzt, wenn ernstliche Zweifel an der Rechtmäßigkeit der Maßnahme bestehen; der Prüfungsumfang kann eingeschränkt werden und verspätetes Vorbringen unberücksichtigt bleiben. Das Nähere ist durch Gesetz zu bestimmen.

(5) Die Absätze 1 bis 4 stehen völkerrechtlichen Verträgen von Mitgliedstaaten der Europäischen Gemeinschaften untereinander und mit dritten Staaten nicht entgegen, die unter Beachtung der Verpflichtungen aus dem Abkommen über die Rechtsstellung der Flüchtlinge und der Konvention zum Schutze der Menschenrechte und Grundfreiheiten, deren Anwendung in den Vertragsstaaten sichergestellt sein muss, Zuständigkeitsregelungen für die Prüfung von Asylbegehren einschließlich der gegenseitigen Anerkennung von Asylentscheidungen treffen.

Artikel 17

Jedermann hat das Recht, sich einzeln oder in Gemeinschaft mit anderen schriftlich mit Bitten oder Beschwerden an die zuständigen Stellen und an die Volksvertretung zu wenden.

Artikel 17a

(1) Gesetze über Wehrdienst und Ersatzdienst können bestimmen, dass für die Angehörigen der Streitkräfte und des Ersatzdienstes während der Zeit des Wehr- oder Ersatzdienstes das Grundrecht, seine Meinung in Wort, Schrift und Bild frei zu äußern und zu verbreiten (Artikel 5 Abs. 1 Satz 1 erster Halbsatz), das Grundrecht der Versammlungsfreiheit (Artikel 8) und das Petitionsrecht (Artikel 17), soweit es das Recht gewährt, Bitten oder Beschwerden in Gemeinschaft mit anderen vorzubringen, eingeschränkt werden.

(2) Gesetze, die der Verteidigung einschließlich des Schutzes der Zivilbevölkerung dienen, können bestimmen, dass die Grundrechte der Freizügigkeit (Artikel 11) und der Unverletzlichkeit der Wohnung (Artikel 13) eingeschränkt werden.

Artikel 18

Wer die Freiheit der Meinungsäußerung, insbesondere die Pressefreiheit (Artikel 5 Abs. 1), die Lehrfreiheit (Artikel 5 Abs. 3), die Versammlungsfreiheit (Artikel 8), die Vereinigungsfreiheit (Artikel 9), das Brief-, Post- und Fernmeldegeheimnis (Artikel 10), das Eigentum (Artikel 14) oder das Asylrecht (Artikel 16a) zum Kampfe gegen die freiheitliche demokratische Grundordnung missbraucht, verwirkt diese Grundrechte. Die Verwirkung und ihr Ausmaß werden durch das Bundesverfassungsgericht ausgesprochen.

Artikel 19

(1) Soweit nach diesem Grundgesetz ein Grundrecht durch Gesetz oder aufgrund eines Gesetzes eingeschränkt werden kann, muss das Gesetz allgemein und nicht nur für den Einzelfall gelten. Außerdem muss das

Gesetz das Grundrecht unter Angabe des Artikels nennen.

(2) In keinem Falle darf ein Grundrecht in seinem Wesensgehalt angetastet werden.

(3) Die Grundrechte gelten auch für inländische juristische Personen, soweit sie ihrem Wesen nach auf diese anwendbar sind.

(4) Wird jemand durch die öffentliche Gewalt in seinen Rechten verletzt, so steht ihm der Rechtsweg offen. Soweit eine andere Zuständigkeit nicht begründet ist, ist der ordentliche Rechtsweg gegeben. Artikel 10 Abs. 2 Satz 2 bleibt unberührt.

Literaturhinweise

Eine vollständige Textausgabe des Grundgesetzes erhält jeder kostenlos von der Bundeszentrale für politische Bildung. Sie kann bestellt werden unter: http://www.bpb.de/shop/buecher/grundgesetz/34367/grundgesetz-fuer-die-bundesrepublik-deutschland

Alle wesentlichen Entscheidungen des Bundesverfassungsgerichts seit 1998 kann man kostenlos einsehen unter: http://www.bundesverfassungsgericht.de/DE/Entscheidungen/Entscheidungen/Entscheidungen.html

Entscheidungen aus der Zeit vor 1998 sind kostenlos über den Entscheidungsversand zu erhalten: http://www.bundesverfassungsgericht.de/DE/Service/Entscheidungsversand/entscheidungsversand_node.html

Kommentare zum Grundgesetz

Gramm, Christof, Pieper, Stefan Ulrich: Grundgesetz. Bürgerkommentar, 2. Aufl., Baden-Baden 2010.

Hömig, Dieter, Wolff, Heinrich Amadeus (Hrsg.): Grundgesetz für die Bundesrepublik Deutschland. Handkommentar, 11. Aufl., Baden-Baden 2016.

Münch, Ingo von, Kunig, Philip: Grundgesetz-Kommentar, 2 Bde., 6. Aufl., München 2012.

Lehrbücher

Bethge, Herbert, von Coelln, Christian: Grundriss Verfassungsrecht, 4. Aufl., München 2011.
Epping, Volker: Grundrechte, 7. Aufl., Heidelberg 2017.
Kingreen, Thorsten, Poscher, Ralf: Grundrechte Staatsrecht II, 32. Aufl., Heidelberg 2016.

Geschichte

Bommarius, Christian: Das Grundgesetz. Eine Biographie, 2. Aufl., Berlin 2009.
Möllers, Christoph: Das Grundgesetz. Geschichte und Inhalt, München 2009.

Studien

Luhmann, Niklas: Grundrechte als Institution, 5. Aufl., Berlin 2009.
Di Fabio, Udo: Gewissen, Glaube, Religion. Wandelt sich die Religionsfreiheit?, 2. Aufl., Berlin 2009.
Di Fabio, Udo: Wachsende Wirtschaft und steuernder Staat, Berlin 2010.

Dürfen wir alles tun, was wir können?

Miriam Meckel
**Mein Kopf
gehört mir**
Eine Reise durch die schöne neue
Welt des Brainhacking

Piper, 288 Seiten
€ 22,00 [D], € 22,70 [A]*
ISBN 978-3-492-05907-7

Der technologische Fortschritt hat das Gehirn ins Visier genommen und mit ihm wachsen die Erwartungen an unsere grauen Zellen.

Schon jetzt ist vieles möglich: Per Gedanken Texte schreiben oder ein Computerspiel spielen? Über ein Hirnimplantat Querschnittsgelähmten einen Teil ihres Bewegungsspielraums zurückgeben? Alles kein Problem. Wir sind dabei, eine gefährliche Grenze zu überschreiten: Wir werden optimierbar. Miriam Meckel fordert: Wir müssen die Autonomie über unseren Kopf behalten und die Privatsphäre des Denkens bewahren.

PIPER

Leseproben, E-Books und mehr unter www.piper.de